Mareike Grade

Mutterglück mal Zweieinhalb

Mareike Grade

Mutterglück mal Zweieinhalb

Ich lebe meinen Traum Teil I

Familienbande

Impressum / Imprint
Bibliografische Information der Deutschen Nationalbibliothek: Die Deutsche Nationalbibliothek verzeichnet diese Publikation in der Deutschen Nationalbibliografie; detaillierte bibliografische Daten sind im Internet über http://dnb.d-nb.de abrufbar.

Bibliographic information published by the Deutsche Nationalbibliothek: The Deutsche Nationalbibliothek lists this publication in the Deutsche Nationalbibliografie; detailed bibliographic data are available in the Internet at http://dnb.d-nb.de.

Coverbild / Cover image: www.ingimage.com

Verlag / Publisher:
Familienbande
ist ein Imprint der / is a trademark of
OmniScriptum GmbH & Co. KG
Heinrich-Böcking-Str. 6-8, 66121 Saarbrücken, Deutschland / Germany
Email: info@verlag-familienbande.de

Herstellung: siehe letzte Seite /
Printed at: see last page
ISBN: 978-3-639-62419-9

Inhaltsverzeichnis

Tagebucheintrag

Bin gerade auf dem Weg zu meinem Schatz. Es schneit. Und ich habe einen Krümel im Bauch! Gestern morgen habe ich den Test gemacht. Will unbedingt Tagebuch über die Schwangerschaft schreiben. Hoffe, ich schaffe es, mir die Zeit dafür zu nehmen. Gestern habe ich ja schon einmal verpasst, das muss ich also hiermit gleich nachholen:

Hatte ja schon seit Tagen auf meine Periode gewartet. Also war ich mir schon fast sicher. Aber natürlich war die Aufregung trotzdem riesig! Bin eine Stunde vor dem Wecker aufgewacht. Und ab ins Bad. Also der Strich war ja echt sofort da! Gleich den Horst geweckt. Und dann erstmal eine Runde freuen!!! Das ging ja doch schneller als geplant. Gleich im ersten Monat. Natürlich werden ein paar Sachen nicht so einfach. Bin gespannt, wer sich trotz allem mit uns freuen kann. Denn wir sind einfach glücklich! So glücklich war ich in meinem ganzen Leben noch nicht! Und aufgeregt! O Gott, das ist alles so aufregend! Wir haben so viel vor und ich freu´ mich so auf alles!

Neuigkeiten

"Hallo Mama."

"Franzi!! Um Gottes Willen, wo bist du denn nur? Ich hab´ mir schon solche Sorgen gemacht! Was ist denn los, warum meldest du dich nicht? Ich hab´ doch gestern angerufen."

"Tut mir leid, dass du dir Sorgen gemacht hast. Musst du nicht. Aber erschrick jetzt bitte nicht. Ich bin im Krankenhaus."

"Im Krankenhaus??!!!? O Gott, warum denn das?!?"

"Ja, wenn du mich ausreden lassen würdest...Es ist nichts Schlimmes. Ich hab´ wohl nur eine Blasenentzündung. Es hat aber so sehr weh getan, dass Horst mich heute Nacht in die Klinik gefahren hat."

"Eine Blasenentzündung? Aber warum behalten die dich denn da immer noch da? Also, da muss ich mal mit den Ärzten sprechen! Ich komme heute Nachmittag gleich vorbei. Wie ist denn deine Zimmernummer?"

"Äh...Mama ich bin hier bei Horst im Krankenhaus, nicht bei euch. Ich war die letzten Tage bei ihm, weil ich noch Urlaub habe."

"Achso...Mensch, Franzi, das musst du uns doch auch mal sagen! Wir wissen ja nicht mal, wo du dich rumtreibst."

"Mama, ich bin 25..! Außerdem wollte ich mich ja heute eh melden."

"Also, Franzi, mir kommt das komisch vor. Du musst doch wegen einer Blasenentzündung nicht im Krankenhaus bleiben. Haben die denn gar nichts weiter dazu gesagt?"

"Äh doch...da ist auch noch was, das ich dir sagen muss. Ich hätte es halt eigentlich gerne unter anderen Umständen erzählt. Es war eben so, dass ich starke Unterleibsschmerzen hatte und sie konnten nicht ausschließen, dass...Also es ist so, dass...Mama, ich bin schwanger."

"..."

"Bist du noch da?"

"Ach, Franzi, ihr seid doch gerade erst zusammen gekommen."

"Ja."

"Ihr wohnt ja nicht einmal zusammen."

"Ja."

"Wie soll denn das nur werden?"

"Schön."

"Ja." Seufz.

"Mama, du weißt, wie sehr ich mir ein Kind gewünscht habe."

"Ja, aber so?"

"Egal wie. Ich bin sehr glücklich! Horst und ich freuen uns auf das Baby! Es ist ein absolutes Wunschkind."

"Ja. Ach, Franzi, ich freu mich ja auch. Ich geb´ dir mal den Papa."

Kruschtl.

"Hallo Franzi."

"Hallo Papa."

"Was ist denn los bei euch?"

"Ich bin schwanger."

"Oh wie schön! Das sind doch tolle Neuigkeiten!"

"Das seh´ ich genauso."

30 Minuten später.

"Hi Alina."

"Hi Schwesterherz. Mama hat gesagt, ich soll dich mal anrufen. Was gibt´s?"

"Na gut, also ich hatte mir die Verkündung ja wirklich ein bisschen anders vorgestellt, aber gut. Ich bin schwanger."

"Ui. War das geplant?"

"Wir haben es drauf ankommen lassen. So schnell hatten wir allerdings nicht damit gerechnet."

"Aha."

"Ja."

Kurze Pause.

"Ich muss dir aber wohl nicht erklären, dass man schwanger wird, wenn man nicht verhütet, oder?"

"Alina, ich habe mit meinem Ex fast zwei Jahre nicht verhütet und wurde nicht schwanger. Das hat meinen Glauben in diese Tatsache einfach erschüttert. Weißt du, welche Angst ich hatte, dass ich vielleicht keine Kinder kriegen kann? Ich wollte nie mehr verhüten."

"Und jetzt freust du dich?"

"Das ist gar kein Ausdruck!"

"Dann freu ich mich auch!"

Schwangerendasein

Ich konzentriere mich darauf, *nicht* quer über den Konferenztisch zu brechen. Ich beachte *nicht*, dass meine Beine seit einer halben Stunde eingeschlafen sind. Ich versuche angestrengt, *nicht* in Ohnmacht zu fallen. Und ich überhöre geflissentlich, dass mein Magen immer lauter einen kleinen oder am besten großen Snack verlangt. Wie kann man gleichzeitig Übelkeit und Hunger verspüren? Nun, also in der 21. Schwangerschaftswoche geht das ganz einfach. Immerhin ist mir nicht mehr den ganzen Tag übel, sondern nur noch, wenn ich Appetit habe. Und das habe ich momentan irgendwie immer. Unschwanger konnte ich locker auch mal sechs Stunden ohne etwas Essbares aushalten. Derzeit ein Ding der Unmöglichkeit. Egal, wie viel ich in mich reingestopft habe, spätestens nach einer Stunde verlangt mein Körper Nachschub. So kann das nicht weitergehen. Gestern hat mein Frauenarzt schon mit erhobenem Zeigefinger geschimpft. Meine Gewichtszunahme liegt derzeit bei 8 Kilo. Wo soll das noch hinführen? Leider konnte ich mir aber die Kritik meines Arztes nicht so richtig zu Herzen nehmen, denn kurz vorher durften Horst und ich endlich das Geschlecht unseres Krümels erfahren: ein Mädchen. Ein Mädchen! Ein zartes kleines Mädchen. Seitdem schwebe ich auf rosaroten Wolken. Und Horst mit mir. Hätte ich ihm wirklich nicht zugetraut, aber scheinbar hat er nur darauf gewartet, mit dem rosa- Shopping los zu legen. Mir soll es recht sein...

"Frau Tegel, was gibt es denn da zu grinsen?", werde ich jäh von meiner Chefin aus den Gedanken gerissen. Sie findet die derzeitige wirtschaftliche Schieflage unseres Arbeitgebers wohl weniger witzig, zeigt aber Verständnis: "Ach, Sie sind doch in Gedanken wieder nur bei Ihrem kleinen Würmchen, stimmt´s? Okay, ich denke, wir sollten uns dann jetzt auch alle wieder an die Arbeit machen." Damit erklärt sie die Teambesprechung für beendet. Hat ja auch nur drei Stunden gedauert. Erleichtert schüttle ich die Beine aus und stürze mich dann so unauffällig wie möglich auf die Tasche an meinem Platz. Deren Inhalt würde wohl meine Kollegin eine ganze Woche satt machen. Aber immerhin habe ich lauter gesunde Sachen eingepackt: Brote, Obst, Joghurt, sogar Karotten und Paprika. Womit fange ich denn jetzt nur an? Die Entscheidung fällt auf ein leckeres Käsebrot. So lässt sich doch schon viel einfacher die Stellenausschreibung verfassen. Es fällt mir allerdings noch immer sehr schwer, meinen Blick auf den Bildschirm zu konzentrieren, denn gleich daneben habe ich mir die Ultraschallbilder aufgehängt. Meine süße Prinzessin. Wie sie wohl sein wird? Wie sie wohl aussieht? Ob es ihr auch gut geht? Wann tritt sie denn mal wieder? Und wie sollen wir sie bloß nennen? Meine Gedanken möchten immer wieder zu unserer kleinen Maus abdriften. Ich freue mich schon so sehr auf sie! Andererseits genieße ich auch das Schwangerendasein in vollen Zügen. Nachdem die Übelkeit der ersten paar Wochen wie gesagt stark nachgelassen hat, kann ich derzeit über keinerlei Wehwehchen klagen. Das lästige Sodbrennen, die Wassereinlagerungen und Rückenschmerzen stecke ich mit links weg. Dafür darf ich mich jeden Tag über meine schöne Babykugel freuen. Meine Migräne scheint sich für die Zeit der Schwangerschaft verabschiedet zu haben. Ich erfreue mich reiner Haut und glänzender Haare. Schwere Lasten überlasse ich meinen Mitmenschen. Und fast jeden Abend gönne ich mir, nach Möglichkeit zusammen mit Horst, ein herrliches warmes Schaumbad. Danach cremt mein Schatz mir dann noch liebevoll den Babybauch ein, damit ich auch keine hässlichen Streifen bekomme. Nachts liege ich oft stundenlang wach und bin einfach nur zu aufgeregt um wieder einzuschlafen. Was für eine schöne Zeit!

Hi Kathi
nee ich kann heut leider nicht spontan. hab schon wieder fa termin :-) freu mich schon wieder total die kleine maus zu sehen und zu hören :) die ganze woche hat sie voll rumgetobt im bauch. hach kathi, seufz, das ist echt so toll! mein kleines wunder! ich stell mir jetzt immer öfter vor wie sie wohl aussieht und was sie wohl für einen charakter hat und alles. ich bin so neugierig auf sie dass ich einerseits gar nicht abwarten kann dass sie kommt. andrerseits hab ich so eine wahnsinnige angst vor der geburt :(und dann will ich es wieder hinter mir haben und dann denk ich wieder, nein es ist so schön sie direkt unter meinem herzen zu haben, und dann wieder, ach bin ich froh

wenn ich den riesigen bauch los bin und mich wieder bewegen und atmen kann, und dann...ich werd noch ganz gaga *ggg
deswegen bin ich doch ganz froh dass ich soviel zu tun hab und mir nicht langweilig ist ;)
also dann hoff ich mal dass du mir trotz stress und alles umstände irgendwann irgendwie antworten kannst...
liebste grüße
franzi

huhu alinali!!
ach du arme, bei dem wetter arbeiten korrigieren is ja irgendwie auch nicht gerade das wahre oder? oder machst du es dir dabei im freien irgendwie bequem? na jedenfalls hast du es ja dann bald geschafft und auch ferien!
ja, ich arbeite nicht mehr und versuche jeden tag aufs neue, mich einfach mal auf den balkon zu schmeißen und die letzte ruhezeit (*g*) zu genießen, aber irgendwie will meine to do liste so gar nicht abnehmen...also langweilig wird es mir jedenfalls auf keinen fall und das ist ja auch gut so. hatten die letzte zeit erstmal jede menge behördengänge zu erledigen (anmeldung, namensänderung, vaterschaftsanerkennung, sorgerecht...ächz); dann kümmere ich mich auch lieber schonmal im voraus um die ganzen formalsachen für kindergeld, familienversicherung, mutterschaftsgeld, elterngeld usw. ich hasse ja diesen papierdreck aber mit baby auf dem arm wird es ja auch nicht leichter ;) und dann hab ich mir irgendwie tausend dinge noch vorgenommen bevor sie halt kommt oder ich nicht mehr kann, sowas wie alle babysachen nochmal waschen, bettwäsche, fenster putzen, frisör...alles bunt gemischt *g* aber jedenfalls haben wir jetzt auch die erstausstattung fast komplett (nur babyphone und windeleimer fehlt noch) und die kliniktasche (eher n koffer!) ls auch gepackt. alles bereit für die ankunft der kleinen prinzessin.
diese woche waren wir auch zum ersten mal im geburtsvorbereitungskurs.

das war echt total toll! ich war ja so gespannt gewesen und nicht so sicher, ob wir uns da wohl fühlen und so, aber es war echt super und ich freu mich schon wieder auf nächste woche! die anderen paare scheinen auch alle sehr nett zu sein und die leitende hebamme will ich nächstes mal gleich mal fragen ob sie bei mir die nachsorge machen könnte. ja, und zum fa muss ich ja jetzt auch alle zwei wochen rennen und die termine dauern recht lange, weil ne halbe stunde dürfen wir den herzschlag lauschen, dann evtl noch ultraschall und halt die ganzen anderen messungen bei mir. letztes mal wollte sie blut nehmen und hat auch nach drei stechversuchen keinen tropfen rausgekriegt. ich bin ein vampir ;-)
also jetzt hab ich aber genug gelabert! aber es ist halt auch alles so aufregend...
pilsgläser für papa find ich ne super idee! und ich würd ihn dann auch überraschen damit. soll ich die dann besorgen oder noch irgendwas anderes dazu? denke auch dass wir uns dann auf dem geburtstag sehen, will gleich mal mama anrufen und fragen was so geplant ist.
so, schwesterherz, ich freu mich schon wenn wir uns wieder sehen und vielleicht kannst du dich ja nochmal melden, wenn nicht wirst du halt weiterhin von mir vollgelabert
hdl und liebste grüße auch von der bauchprinzessin,
franzl

Kleines Wunder

Um 8Uhr machen Horst und ich uns auf den Weg in die Klinik. Meine Frauenärztin hat einen Termin zur Geburtseinleitung für uns ausgemacht. Nachdem seit dem Geburtstermin ganze vier Gewitter stattgefunden haben und auch ein Vollmond verstrichen ist, ohne dass unsere kleine Prinzessin sich - wie viele Babys das bei solchen Ereignissen gerne tun - auf den Weg in die Welt gemacht hätte, lässt sich mit einem natürlichen Geburtsbeginn nicht mehr rechnen.

Sie scheint ja doch einigermaßen stur zu sein unsere kleine Ronja. Obwohl ihr offensichtlich das (Frucht-)wasser abgestellt wurde und die Plazenta anfängt zu verkalken, will sie sich nicht von ihrer gemütlichen Bauchwohnung verabschieden. Beim CTG vor zwei Tagen stellte sie sich dann auch noch schlafend und ließ sich auch durch kräftiges Bauchrütteln nicht aus der Ruhe bringen, um dann - wieder zuhause- fröhliches Rambazamba zu veranstalten.
Auf alles Bitten und Betteln und Schimpfen meinerseits wollte sie nicht hören. So schön die Schwangerschaft auch war, ich habe nun langsam wirklich genug und auch unsere Familien und Freunde werden immer ungeduldiger. Alle warten voller Neugier und Vorfreude auf die Ankunft unserer neuen Erdenbürgerin!
Natürlich bin ich schon bei der Ankunft in der Klinik ziemlich aufgeregt. Zuerst kontrolliert die nette Hebamme aber erst einmal nur 30 Minuten ganz harmlos die Baby-Herztöne. Das kennen wir ja schon lange, kein Grund zur Sorge also. Ronja pennt mal wieder. Die Ärztin schaut noch per Ultraschall nach ihr und dann geht es auch schon los: Um 9 Uhr bekomme ich ein Gel gelegt, das die Wehen auslösen soll. Danach werde ich für ganze zwei Stunden an das CTG angeschlossen und muss dabei die ganze Zeit liegen. Horst hält meine Hand und es könnte ja eigentlich ganz entspannt sein, aber diese Liegerei in der immer gleichen Position ist voll anstrengend.
"Boah, ich müsste eigentlich mal dringend auf´s Klo."
"Soll ich die Hebamme rufen? Du kannst ja bestimmt mal kurz Pause machen."
"Ach nee, lass mal, das halt ich jetzt noch aus. Ist ja hoffentlich nicht mehr lang."
"Sicher?"
"Ja. Ich glaube, ich merke jetzt tatsächlich ganz leichte Wehen."
Endlich darf ich wieder aufstehen und Horst und ich sollen uns erstmal in einem Zimmer niederlassen. Nach dem Mittagessen machen wir uns auf zu einem Spaziergang. Die ganze Zeit über spüre ich leichte Wehen, die aber noch nicht wirklich schmerzhaft sind.
Gegen 15 Uhr dann die Wende: Nach der zweiten Ladung Gel merke ich endlich wie die Wehen stärker werden. Da ich meinen Walrosskörper wieder für das CTG auf das

Bett verfrachten musste und hier nun abermals zwei Stunden ausharren soll, kommen mir die Schmerzen besonders unangenehm vor. Doch meine Erleichterung als ich wieder aufstehen darf ist nur von kurzer Dauer: Dieses ekelhafte Ziehen lässt überhaupt nicht nach und wird auch im Stehen und Laufen kein bisschen erträglicher. Im Gegenteil. Oje, wie soll das noch werden?
Leider vergeht mir ja selbst in solch einer Situation nicht der Appetit und pünktlich zum Abendessen fühle ich mich trotz aller Umstände wie ausgehungert. Nachdem Horst und ich einen zweiten Spaziergang wegen langsam echt übler Schmerzen abgebrochen haben, werden zur Abwechslung noch einmal die Herztöne kontrolliert. Zu meinem großen Schock hat sich da unten aber weiter nichts getan. Ja wie? Geht die Geburt immer noch nicht los? Aber ich habe doch schon Wehen wie Sau! Wollt ihr mich veräppeln? Die Hebamme will sogar meinen Schatz nach Hause schicken. Geht´s noch? Ich brauche hier Unterstützung! Ich bleibe ganz bestimmt nicht allein mit diesem elenden Ziehen!
Glücklicherweise lässt die gute Dame sich erweichen und Horst darf bleiben. Er gibt sein Bestes und setzt nun schon seine größten Ablenkungskünste ein: Spielen, Rätseln, Süßigkeiten, mich einfach nur im Arm halten...
Moment mal, wozu haben wir eigentlich diesen tollen Geburtsvorbereitungskurs gemacht? Der muss doch zu etwas nütze gewesen sein. Horst und ich suchen nach Positionen, welche die Sache erträglicher machen sollten. Gegen die Wand lehnen...vor dem Stuhl knien...Nein, es hilft alles irgendwie überhaupt nicht. Uns fällt nichts mehr ein und meine Verzweiflung wächst. Diese Schmerzen!
Um ca. 21.30Uhr machen wir uns schließlich auf den Weg in den Kreißsaal, um die Hebamme noch einmal untersuchen zu lassen. Diagnose: Der Muttermund ist gerade mal zweifinger-durchlässig. Ich möchte heulen. Ich will mir die Decke über den Kopf ziehen. Lasst mich doch alle in Ruhe! Das kann doch einfach nicht wahr sein. Wieso bringen denn diese verdammten Wehen überhaupt nichts voran?
Hallo, Ronja, hörst du mich? Komm jetzt da raus, ich habe keinen Bock mehr!

"So, Frau Tegel. Sie können jetzt entweder noch einmal ein bisschen zur Ruhe kommen. Ich gebe Ihnen Schmerzmittel. Wir schicken Ihren Mann nach Hause. Und morgen früh machen wir weiter. Oder wir versuchen die Geburt voran zu treiben."
Ich entscheide mich für letzteres.
Da heute nicht viel los ist, dürfen Horst und ich in den Kreißsaal einziehen.
Ich leide weiter vor mich hin. Horst kann in dem neuen Raum nochmal zur Höchstform auflaufen, was die Lehrbuchformen der angeblich helfenden Positionen bei Geburtswehen angeht. Das Zimmer beherbergt dafür zahlreiche Utensilien: Ein Seil, ein verstellbares Bett, eine Wanne, einen Hocker und natürlich den obligatorischen Sitzball. Ich will aber nichts davon wissen. Gar nichts. Nur gut, dass mein Schatz meinen verkniffenen Gesichtsausdruck richtig deutet. Mit Engelsgeduld streichelt er meinen Rücken. Boah, Hilfe!!! Ich kann nicht mehr! Wann hört das auf?
Schließlich klopft die Hebamme. Als sie meinen Zustand sieht, verordnet sie die ersten Schmerzmittel. Sie faselt etwas von einer langen Nacht und Kräfte sparen.
Jaja. Gib her das Ding. Gierig schütte ich das Zeug runter. Eine kleine Ewigkeit später (gegen 00.30Uhr) beginnt das Mittel zu wirken. Diese Erleichterung! Ich fühle mich, als hätte ich drei Flaschen Wodka gekippt. Ich torkele zum Bett. Kurz realisiere ich noch wie schön es ist, dass darauf genug Platz für Horst und mich zusammen ist. Er hält mich fest umarmt, als wir schon ziemlich erschöpft etwa zwei Stunden Schlaf finden.
Plötzlich werde ich jäh aus dem Schlaf gerissen: Heftige Wehen durchschütteln meinen ganzen Körper. Es ist der blanke Horror! In dem Moment, als ich denke, dass es wirklich nicht mehr auszuhalten ist, spüre ich ein kleines "plopp". Die Fruchtblase? Irgendwie traue ich mich nicht aufzustehen. Ich klingele nach der Hebamme, aber die muss gerade woanders aushelfen. Die Wehen reißen mich fast in Stücke! Plötzlich wird es mir speiübel...und ich übergebe mich einmal quer durch den kompletten Kreißsaal.
"Hä? War das jetzt die Fruchtblase oder wie oder was? Ist die jetzt oben raus gekommen?" frage ich wirklich einigermaßen verwirrt.

Horst scheint nur erleichtert, dass mir wenigstens nicht mehr schlecht ist. Bin ganz seiner Meinung, dass die Wehen völlig ausreichen. Qualvolle Minuten vergehen bis die Hebamme endlich kommt und nach dem Muttermund schaut. Befund: 3cm. Oh Mann. Ich gebe bald auf. Zeit für eine PDA. Es dauert noch ca. eine Stunde bis diese endlich gelegt wird. Ich lasse es nur noch geschehen, komme mir schon total am Ende vor. Wo soll ich noch Kraft für die eigentliche Geburt hernehmen?
Etwa um 6Uhr morgens, zeigt die PDA Wirkung. Horst und ich pennen wieder sofort weg. Hoffentlich bringt mir das ein bisschen Energie zurück!
Die ganze Zeit hänge ich an gefühlten hundert Schläuchen: CTG, PDA, Wehentropf (da die PDA die Wehen sonst verringert).
Von irgendeinem Piepen wache ich auf. Was ist los? Warum sind alle so hektisch? Die Herztöne unserer kleinen Ronja sind abgefallen. Sofort mache ich mir die größten Sorgen. Aber nach ein paar Schrecksekunden scheint alles wieder im Lot zu sein.
Die Stunden vergehen und plötzlich sagt die Uhr 12Uhr mittags. Um 13Uhr lernen wir die vierte (!) Schicht Hebammen kennen. Die nächste Kontrolle des Muttermundes fällt doch tatsächlich positiv aus. Ich habe ja schon bald nicht mehr daran geglaubt. Es ist soweit! Der Endspurt beginnt! Die PDA, welche schon seit 30 Minuten nicht mehr wirkt, wird nicht mehr nachgelegt. Bald darauf liege ich schon wieder in den heftigsten Wehen. Jetzt darf ich pressen. Ich drücke mit aller Kraft. Ich gebe mein Bestes! Ich gebe alles! Ich schreie und jammere und stöhne. Horst hält mich tapfer fest - mehr kann er ja nicht tun. Ich schiebe und drücke. Ich presse. Ich atme. Ich presse...
Es geht einfach nicht.
Ich schaffe es nicht.
"Ich habe keine Kraft mehr!!!"
Die Ärztin liegt auf meinem Bauch. Die Schmerzen sind unerträglich. Ich bin so verzweifelt. Im Augenwinkel sehe ich die Hebamme nach einer Rasierklinge greifen. Mir ist alles egal. Helft mir! Ich kann nicht mehr. Bitte holt mein Baby raus.
"Pressen Sie noch einmal mit aller Kraft!"

"Ich weiß nicht wann!"
Die Wehen sind nicht mehr zu spüren; es ist alles nur noch ein riesiger nicht enden wollender schrecklicher Schmerz.
Ich soll einfach Luft holen und pressen und das tue ich. Mit letzter Kraft. Weder den Schnitt noch die Saugglocke bekomme ich mit. Aber plötzlich ist da ein Schrei und der ist nicht von mir. Horst verdrückt eine Träne. Und dann sehe ich sie. Mein Baby. Ich kann es nicht glauben. Ich weine hemmungslos. Dieses Glück ist unbeschreiblich. Sie legen mir das kleine Bündel auf den Bauch. Meine süße Prinzessin schaut mich gleich aus neugierigen Augen an. Mein Herzschlag will aussetzen. Es ist, als ob die Welt stehen bleibt. Eben noch diese Hektik, die Lautstärke, die Aufregung...Und jetzt. Stille. Ruhe. Ich halte sie einfach nur fest. Horst greift zur Kamera. Er macht ein paar Bilder und Videos. Später stellen wir selbstverständlich fest, dass kein einziges Bild diesen wunderbaren Moment auch nur ansatzweise wider geben kann. Ronja kommt mir winzig vor. Und unendlich zart und zerbrechlich. Es ist gar nicht so einfach, sie in eine andere Position zu bringen, denn ich möchte sie natürlich auf keinen Fall zu fest greifen. Das erste Anlegen zum Stillen wird aber ohnehin auf Später verschoben. Nun muss ich erst noch genäht werden, während unser kleines Wunder gewogen, vermessen und warm eingepackt wird. Es fällt mir schwer, sie aus der Hand zu geben. Aber Horst darf schließlich auch mal halten. Sein Gesichtsausdruck verrät mir all seinen Stolz und dieses gemeinsame Glück lässt auch meine Liebe zu ihm noch einmal wachsen. Wir haben eine neue Dimension erreicht: Jetzt sind wir eine Familie!
Es folgen zwei Stunden Kuscheln im Kreißsaal. Jegliches Zeitgefühl ist mir aber wohl unter der Geburt verloren gegangen. Ich fühle mich wie in einer Wolke. Schwerelos. Verzaubert. Halte meine kleine Ronja. Kann den Blick den nicht von ihr abwenden. Ich lächle ihr zu, streichle sie sanft und spreche leise mit ihr. Ich erzähle ihr, wie sehr ich von diesem Augenblick geträumt habe. Dass sie alles ist, was ich immer wollte. Dass sie mein größtes Glück ist.
Diese wundervollen Momente werde ich nie vergessen.

Tagebucheinträge

Ronja ist nun ein paar Tage alt. Sie liegt neben mir und schläft. Eigentlich müsste sie längst wieder Hunger haben. Ich stehe also auf Abruf *g. Insgesamt habe ich aber viel mehr Zeit, als ich vor der Geburt gedacht hatte. Alles verläuft viel weniger stressig, als ich es mir vorgestellt hatte. Es ist einfach nur schön! Wie im Traum! Ich war noch nie so glücklich! Ich versuche, jede Sekunde zu genießen. Nie hätte ich zu träumen gewagt, dass es so wunderbar werden würde. Unsere Prinzessin ist so lieb! Sie weint nur manchmal, wenn sie Hunger oder Bauchweh hat.

Horst und ich sind jetzt natürlich in erster Linie Mama und Papa. Im Moment finde ich das in Ordnung so. Alles dreht sich um Ronja. Und das ist wunderbar! Ich bin jetzt Mama! Kann es manchmal immer noch nicht glauben. Endlich! Dieses kleine Wesen...ich liebe sie so sehr! Ich würde alles für sie geben! Gerade möchte sie aber vor allem eines von mir: Milch. Es war mir ja so wichtig zu stillen und ich habe von Anfang alles dafür getan, dass es klappt. In der ersten Nacht habe ich kaum ein Auge zu getan, sie immer wieder angelegt. Überhaupt war die Zeit in der Klinik echt anstrengend: Wenig Schlaf, der blöde Wochenfluss, wunde Brustwarzen, die Nachwehen und die Schmerzen von der Dammnaht. Und natürlich gab es auch ein paar Besucher: Oma, Opa, Tante, Onkel...Alle waren völlig hingerissen von der kleinen Maus! Und Horst und ich platzten fast vor Stolz!

Es ist auch schön zu sehen, wie vernarrt Horst in die Kleine ist. Wie er sie abschmust, ihr vorsingt, sie auf seinen Bauch legt...sie einfach abgöttisch liebt! Und das muss man auch: Sie ist unglaublich süß! Diese Schmatzgeräusche, wie sie das Gesichtchen verzieht, ihre Ärmchen bewegt...man kann es schwer beschreiben.

Unser kleines Mäuschen kann mit 5 Wochen tatsächlich schon lächeln.

Man kann es vorher erahnen, denn für einen kurzen Moment hält die kleine Ronja ganz still, schaut ein bisschen fragend und erstaunt. Als müsse sie sich darauf konzentrieren, wie das jetzt nochmal geht ;-) Dann verzieht sie erst den linken, dann den rechten Mundwinkel. Das Lächeln breitet sich blitzschnell auf das süße Gesicht aus. Es erreicht die Augen, die dich unverwandt einfach anstrahlen. Mich durchläuft eine wohlige Wärme, die ich bis jetzt noch nicht kannte. Einfach wunderschön!

Mausi, inzwischen knapp drei Monate alt, liegt neben mir und knottert. Ahh, Moment kurz, sie muss gewickelt werden. Jetzt hängt sie über meiner Schulter. Glaube, sie hat Hunger...okay, schreiben und stillen gleichzeitig muss nun auch nicht sein...
Ja, sie nimmt mich doch langsam ganz schön in Anspruch. Aber es ist ja toll so. Ich komme schon auch noch zu anderen Dingen, doch die Zeit rast davon und am liebsten würde ich ja den ganzen Tag nur mit ihr schmusen. Termine zu machen stellt immer eine Herausforderung dar, denn das Stillen ist noch sehr unregelmäßig: Mal alle Stunde, dann wieder im 2-, 3- oder sogar 4- Stunden- Abstand. Aber unsere Prinzessin ist weiterhin eine ganz Liebe! Na gut, heute Nacht war etwas anstrengend: erst wollte Ronja bis um 3 Uhr nicht einschlafen und danach jede Stunde trinken. Aber das ist die Ausnahme. Manchmal schläft Ronja sogar schon fünf Stunden am Stück.
Insgesamt finde ich das Mamasein jedenfalls unbeschreiblich schön!

Lerneffekte

Meine eigene Mama hat mir ja mit dem Spruch "Du wächst mit deinen Aufgaben" stets Mut gemacht. Viele Menschen sind ja so wie ich ängstlich, was Veränderung oder eine neue Aufgabe oder einfach nur das Unbekannte betrifft. Und nichts ist einem doch unbekannter als das Leben mit Kind, wenn man noch keines hat. Außer man hat jüngere Geschwister mit sehr großem Altersabstand oder ähnliches. Und man kann es sich nicht so richtig vorstellen, kann nicht im Geiste Situationen durchspielen. Jedenfalls nur begrenzt und es fällt schwer. Noch dazu kommen spätestens mit der Schwangerschaft solch aufmunternde Worte wie "Mach dir nicht so viele Gedanken, du kannst es dir eh nicht vorstellen. Stell dich einfach darauf ein, dass sich alles und vor allem dein Leben komplett verändert." Und da wundern wir uns, dass die Männer, die meist keinen angeborenen Kinderwunsch besitzen, die

Panik bekommen? Wer würde das nicht? Schließlich haben wir unser Leben ja so eingerichtet, das es uns zum Großteil gefällt. Wer möchte das schon freiwillig von heute auf morgen aufgeben?
Ich möchte an dieser Stelle mal alle Kinderlosen beruhigen: Ganz so schlimm ist es nicht! Immerhin bleibt man ja man selbst. Wenn man sich Mühe gibt. Man wächst eben mit der Aufgabe, die ein Kind an einen stellt. Das finde ich schon treffend. Natürlich entwickelt man sich dadurch, was ja Veränderung bedeutet und wahrscheinlich eine andere Veränderung als die, welche man ohne Kind erfahren hätte. Oje jetzt drifte ich ab.
Was ich eigentlich sagen wollte: Vor den Aufgaben, die ein Kind mit sich bringt, braucht keiner Angst haben. Denn Eltern lernen unheimlich schnell unheimlich viel, wie zum Beispiel:

- beim Wickeln durch den Mund zu atmen
- mit einer Hand den Kinderwagen zu schieben, gleichzeitig zu telefonieren und den Schnulli aufzufangen
- die richtige im Kinderwagen-Einschlaf-Laufgeschwindigkeit einzuhalten und welcher Untergrund sich am besten eignet
- dass Provianttaschen heimlich gepackt werden müssen, da sonst alle Vorräte schon vor Aufbruch vertilgt sind
- ohne etwas zu trinken, etwas zu essen, einem kleinen Büchlein, einem Ball und Taschentüchern niemals aus dem Haus zu gehen
- dass zum Leben erweckte Stofftiere wahre Wunder bewirken können
- auf der letzten Kante vom Bett und auf 2cm Kissen zu schlafen, während ein Dreikäsehoch den Rest beansprucht
- mit weniger als 30 Stunden Schlaf pro Woche aus zu kommen
- statt stundenlang vor dem Schrank übers richtige Outfit zu grübeln blitzschnell irgendetwas möglichst Praktisches heraus zu ziehen, sich in drei Minuten zu schminken und fertig zu sein
- welch schöne Frisuren frau mit ungewaschenen Haaren zaubern kann

- etwa drei Liter Spucke täglich zu produzieren um Mundwinkel, Schokofinger, Nasen, Schuhe, Klamotten, Sitze und sonstiges zu säubern
- die Kerne aus den Trauben zu saugen
- ohne Schamgefühl zu singen und zu tanzen
- die eigene Familie gegen alles und jeden zu verteidigen
- wichtige partnerschaftliche Gespräche auf nachts zu verschieben
- Fernsehsendungen über das Internet zu schauen um zeitlich flexibel zu sein
- den Unterschied zwischen Jammern um Aufmerksamkeit oder aus Langeweile, Quengeln vor Müdigkeit und dem tatsächlichen Weinen aus Angst oder vor Schmerzen
- ein Aua weg zu pusten
- das Gemüse unter dem Würstchen zu verstecken
- gleichzeitig und innerhalb von 30 Minuten ein Mittagessen für drei zu kochen, die Wäsche zu falten, die Wohnung zu fegen und das Kind mit Singen oder Geschichten erzählen oder einfach nur Quatschmacherei bei Laune zu halten
- dass Bügeln allgemein überbewertet ist
- innerlich Listen anzulegen, was unbedingt in der Schlafenszeit des Kindes zu erledigen ist
- innerhalb von 10 Sekunden einzuschlafen
- beim kleinsten Geräusch aufzuwachen
- von sich selbst in der dritten Person zu sprechen
- wie schnell Kinder sich entwickeln und lernen
- welch wunderschöne Dinge das Leben zu bieten hat:
    - Laubblätter, Käfer, Ameisen und sonstiges Getier,
    - Schneeflocken,
    - Sonne auf dem Bauch,
    - Wippen, Schaukeln, Rutschen und Klettern,
    - Matsch zwischen den Zehen,
    - Papierknistern,

- Herumalbern,
- grundloses Lachen aus tiefster Seele
- stundenlanges Kitzeln,
- Wackelpudding,
- Wolken und Sterne,
- Spielen und Basteln,
- Lachen und Fröhlichsein
- Straßenmalkreide und Wassermalfarben,
- Knete,
- Blumen,
- Luftballons,
- Sandburgen,
- Singen,
- Seifenblasen
- und noch so viel mehr!

Kleine Ronjasche Kommunikationshilfe

dada und wawa

- Papa

mamama

- Mama

da

- Schau mal, da!

Geschäftiges Davonkrabbeln und Kopfschütteln

- Ich bin mit mir und der Welt sehr zufrieden

Spielzeug geben

- Bitte bespaße mich!

An Hose oder Rock ziehen

- Bitte bespaße mich!

Plötzliches Umdrehen und juchzendes Davonkrabbeln

- Spiel mit mir Krabbelwettrennen

Kopfschütteln

- Ich weiß genau, das darf ich nicht, mache es aber trotzdem

Hoheitsvolles Nicken

- Weiter so!

Mmmmmh und rot werden

- Schau am besten weg und stör mich nicht; ich mache mein Geschäft

Große Augen und Hand ausstrecken

- Gib mir etwas ab

Lalalara ülürügema

- Ich bin gut drauf und erzähl dir Allerlei

Alltag mit Baby

7.00 Uhr. Der Wecker piept. Sofort drücke ich den Knopf. Durch einen Blick auf Ronja neben mir vergewissere ich mich, dass sie von dem Geräusch nichts mitbekommen hat. Nachdem sie sich gerade satt getrunken hat, pennt sie nun selig. Am liebsten würde ich sie jetzt einfach noch ein bisschen betrachten. Aber das muss warten. Lautlos schlüpfe ich aus dem Bett. Das Stillkissen drapiere ich so an meinen Platz, dass Ronja nicht aus dem Bett fallen kann. Dann schleiche ich aus dem Zimmer. Im Wohnzimmer wartet schon mein Laptop. Im Schlafanzug, mit zerzausten Haaren und ungeputzten Zähnen fange ich an zu arbeiten. Einer der Vorteile wenn man im Home Office tätig ist. Wie dankbar hatte ich dieses einmalige Angebot meiner Chefin angenommen! "Ich möchte Sie als Mitarbeiterin nicht verlieren.", hatte sie gesagt und natürlich ging das runter wie Öl. Noch dazu können wir das Geld ganz klar auch sehr gut gebrauchen. Trotzdem ließ ich mir die Sache selbstverständlich gründlich durch den Kopf gehen. Beim ersten Kind weiß frau schließlich gar nicht so richtig, was auf sie zukommt. Und ich wollte doch mein Baby in vollen Zügen genießen. Ich nahm mir fest vor nur zu arbeiten, wenn die Kleine schläft. Gleich nach dem Mutterschutz wollte ich mit zehn Stunden pro Woche starten. Nach einem halben Jahr würde ich die Arbeitszeit auf 15 Stunden in der Woche steigern. Jetzt kann ich behaupten: Ja, es ist machbar. Ich setze mich momentan von 7 Uhr bis 9 Uhr an den Laptop und dann noch einmal, wenn Ronja Mittagsschlaf macht. Es geht. Aber es ist sehr anstrengend. Wann genau ich selbst meinen fehlenden Schlaf von durchwachten Nächten nachhole, habe ich irgendwie nicht bedacht. Immerhin stimmt die Kohle. Ich bleibe im Job up to date. Meine Chancen einmal hier im Umkreis wieder einen ganz normalen Bürojob zu bekommen, sind jedenfalls viel höher. Das ist mir wichtig, denn Teilzeitstellen gibt es ja bekanntlich nicht gerade in Massen. Auf die Dauer möchte ich aber nicht von zu Hause aus arbeiten. Jedenfalls nicht so. Irgendwie muss ich nämlich doch den ganzen Tag über erreichbar sein und das nervt mich ganz gewaltig. Naja, aber ich will nicht undankbar sein. Meine Aufgaben machen mir immerhin wirklich Spaß. Trotzdem freue ich mich total, als die Uhr schon wieder kurz nach 9 Uhr zeigt und ich meine Statistiken für heute schließen darf. Ich husche noch einmal schnell ins Bad, da höre ich Ronja auch schon brabbeln. Wir kuscheln noch ein bisschen, aber dann will ich sie nicht länger in ihrer Pipiwindel lassen. Ronja lässt sich wie immer gerne ausziehen und strampelt fröhlich vor sich hin. So macht das Wickeln Spaß! Ich pruste sie in den Bauch und die winzigen Füßchen. Als ob sie es allerdings abgewartet hätte, pieselt sie genau in dem Moment los, als ich sie gerade sorgsam eingecremt habe und nach der neuen Windel greifen wollte. Stöhn. Was für eine Sauerei. Aber ich kenne ja meine kleine Ronja inzwischen und war natürlich vorbereitet. Gut, dass wir noch eine ganze Menge alte Handtücher gelagert hatten. Die lege ich immer zwischen unser Pieselbaby und die Wickelunterlage. Ronja pinkelt mir dann täglich etwa 3 bis 5 Handtücher voll. Damit dann der Wäschekorb bis zum Abend auch bis zum Rand gefüllt ist, muss ich unserer kleinen Prinzessin meist noch täglich 3 bis 4mal ein neues Outfit anziehen. Denn sie schafft es, dass ihre Windel bei fast jedem größeren Geschäft sofort überläuft. Selbst eine frische Windel. Ronja erledigt nämlich diese Dinge gerne beim Stillen. Wenn sie also schräg auf meinem Arm liegt. Ich spüre dann manchmal wie meine Hand warm und feucht wird. Lecker. Trotzdem bringe ich es nicht fertig, die kleine Maus beim

Trinken zu unterbrechen. Außerdem wäre ja ohnehin schon alles zu spät. So auch heute. Also noch einmal auf den Wickeltisch. Weil es so schön war. Jetzt finde ich es allerdings weniger spaßig. Wie ich die eingesauten Klamotten über Ronjas Kopf bekomme, ohne sie selbst auch noch zu beschmieren, habe ich bis jetzt noch nicht herausgefunden. Ronja kann leider auch keine Begeisterung mehr aufbringen. Von der Achsel bis zum Fußzeh sauber gemacht zu werden, mag sie dann auch nicht sonderlich. Endlich haben wir es geschafft und die kleine Prinzessin strahlt mich in einem frischen rosa Strampler an. Ich kann mich nicht satt sehen an meiner hübschen Tochter. Wir spielen noch ein bisschen mit Taschentuchpackungen, leeren Plastikflaschen und bunten Tüchern. Nicht dass wir keine schönen Babyspielsachen hätten. Natürlich darf Klein- Ronja sich auch stolze Besitzerin diverser Rasseln, Kuscheltiere, Beißringe, Erlebniswürfel und was die Babyindustrie sonst noch alles so zu bieten hat, schimpfen. Auch damit kann man sie begeistern. Genauso bringen aber auch Alltagsgegenstände wie Suppenlöffel, Milchpackungen oder Tupperdosen unsere Prinzessin zum Staunen. So wird es uns beiden nie langweilig.
Jetzt müssen wir uns jedoch ausflugsbreit machen. Ronjas bester Freund, Michael, wartet an der Straßenecke auf uns. Seine Mama und ich sind zum gemeinsamen Spaziergang verabredet. Maren habe ich im Internet kennengelernt. Wir waren beide neu in der Stadt und auf der Suche nach Kontakten. Als wir uns zum ersten Mal trafen, befand ich mich gerade im 9. Monat und Michael war bereits auf der Welt. Er ist ein paar Monate älter als Ronja. Das finde ich sehr praktisch, denn so sehe ich immer die Vorschau, was demnächst zum Thema werden könnte in der Babywelt. So auch heute. Maren berichtet mir von den ersten schwierigen Breiversuchen. Es ist ja nicht etwa so, dass man dem Baby den Brei gibt und es dann auch begeistert isst. Michael beispielsweise zieht es vor, den Brei in der gesamten Wohnung zu verteilen. "Wenn das so weitergeht, müssen wir bald renovieren!", jammert Maren. So hatte sie sich das wohl nicht vorgestellt. Ich kann nur hoffen, dass ich bei Ronja nicht soviel Geduld aufbringen muss, denn die gehört leider nicht wirklich zu meinen Tugenden. Dafür freut sich Maren, dass Michael nun endlich wieder besser durchschläft. Sie bemerkt meine kaum zu übersehenden Augenringe und spricht mir Mut zu: "Es sind

meistens nur Phasen, Franzi. Wenn Ronja momentan schlecht schläft, kann das alle möglichen Ursachen haben. Vielleicht wächst sie oder die Zähnchen schießen ein. Bestimmt wird es bald wieder besser. Fängt sie denn eigentlich schon an zu krabbeln?"

"In der Bauchlage versucht sie fleißig sich hoch zu ziehen. Aber die Kraft in den Ärmchen reicht wohl noch nicht ganz", antworte ich.

Maren erzählt mir, wie Michael, der seit zwei Monaten krabbelt, die Wohnung unsicher macht.

So hangeln wir uns von einem Babythema zum nächsten. Die Zeit vergeht wie im Flug und schon sind wir am Ende unserer Waldrunde angelangt. Schade. Michael und Ronja glucksen sich noch einmal aus den Kinderwägen zu und Maren und ich winken zum Abschied.

Wieder zu Hause ziehen Ronja und ich noch einmal unser Still-Wickel- und Spielprogramm durch. Als sie quengelig wird, setze ich meine Prinzessin in die Trage. Nachdem ich eine Weile in der Wohnung herumgelaufen bin, schnarcht sie leise vor sich hin. Im Bettchen einzuschlafen würde ihr übrigens nicht im Traum einfallen. Und würde ich jetzt versuchen, die Kleine abzulegen, würde sie sofort die Augen aufreißen und zu schreien anfangen. Also lasse ich das und mache mich wieder an meine Statistiken.

Tagebucheintrag

Ronja steht neben mir und knabbert Knäcke. Sie hält sich am Nachtisch fest und wackelt begeistert mit dem Po. So tanzt sie zur Musik. Wie oft schaue ich sie an und kann nicht glauben, dass dieses Wunder meine Tochter ist. Und alles geht so schnell. Nun ist sie schon 9 Monate alt, krabbelt wie Speady durch die Wohnung, zieht sich überall hoch, macht alles unsicher. Gerade strahlt sie mich mit vier Zähnchen im Mund an. Die nächsten vier sind unterwegs. Sie schüttelt die Knäckedose. Sie ist so süß! Aber manchmal kann das Mäuschen auch zum schon zum Wutwichtel werden. Ich hoffe, ich kann ihr beibringen, mit der Wut umzugehen. Jetzt greift die

Mausemaus nach dem Tagebuch und meckert. Da braucht wohl jemand Aufmerksamkeit. Zeit zu spielen, schmusen und toben!

Ausgeknockt

Mein Mäuschen ist krank. Es ist einfach nur schrecklich. Ronja hängt nur da und möchte einfach nichts tun. Nicht essen, nicht trinken, nicht spielen. Sie ist so süß mit ihrem Schmollmund. Es tut mir in der Seele weh, wenn sie wieder bricht. Ich möchte es ihr so gerne abnehmen. Wo ist mein fröhlicher Hüpfer? Wann strahlt sie mich endlich wieder an? Alles was ich tun kann, ist, für sie da sein. Trösten, streicheln, in den Arm nehmen, lieb haben. Natürlich ist es auch mal schön, sie einfach nur zu halten. Diesen kleinen kuscheligen Körper. Ihre Haare duften und die Haut fühlt sich unendlich zart an. Wie das eben bei Kindern so ist, ja. Trotzdem sind auch diese Momente im Leben einer Mama eben einfach da und haben auch ihr Schönes. Wann sonst gibt mein Wildfang mir mal die Zeit innezuhalten und mich über mein kleines Wunder hier zu freuen? Zwar habe ich das große Glück, dass mein Kind auch in gesundem Zustand gerne schmust, aber von einer Sekunde auf die andere hat es einen supertollen Einfall und vorbei ist die Kuschelzeit. Dennoch möchte ich gerade nur eines: Dass Ronja so schnell wie möglich wieder gesund wird.

Lieber möchte ich, dass sie wie immer erst durch alle Zimmer doppsen muss, bevor ich ihr die Schlafhose anziehen darf. Lieber wünsch ich mir jetzt einen Trotzanfall, weil sie die Strümpfe selbst anziehen möchte, auch wenn es eben eine halbe Stunde dauert. Jetzt sehne ich mir die Diskussion herbei, dass sie nachts noch die Windel braucht und man fürs Zähneputzen den Mund aufmachen muss.

Stattdessen geht sie einfach ins Bett. Auf die Gutenachtgeschichte will sie verzichten. Waaaaas? Aber..aber...was ist mit mir? Ich brauche doch diese Gutenachtgeschichte. Sie liegt schon in den Federn. Die Augen halb zu. Noch ein Küsschen für Papa und mich. Weg ist sie. Grausam, einfach grausam. Ich vermisse mein Kind. Bitte sei morgen wieder gesund!

Ronja. Vor knapp zwei Jahren habe ich sie auf die Welt gebracht. Wie schnell Kinder wachsen und sich entwickeln, das wissen wohl wirklich nur Eltern. Zeit ist plötzlich keine messbare Größe mehr. Was ist schon ein Jahr, wenn sie doch gestern noch gar nichts sagen konnte und heute schon ganze Bücher auswendig weiß?
In diesem Alter von Ronja schon so zu reden ist vielleicht Blödsinn, aber gerade in der jetzigen Phase habe ich sehr stark das Gefühl, dass sie jeden Tag viel selbständiger wird, mich jeden Tag weniger braucht und ich dadurch natürlich mehr und mehr Freiheit zurück gewinne. Ich kann wieder Bücher lesen. Abends fernsehen. Ein bisschen Sport machen. Mal telefonieren. Ein Buch schreiben ;) Häkeln. Ich suche mir direkt wieder Beschäftigung. Es muss erst wieder gelernt werden, etwas nur für sich zu tun. Das ist bestimmt nicht bei jeder Mutter so. Und vielleicht auch nur beim ersten Kind. Aber ich empfinde es ziemlich krass. Am Anfang war ich einzig und allein für dieses Würmchen da. Mit jeder Faser, jedem Gedanken. Die komplette Tagesorganisation war auf Ronja ausgerichtet. Wann kann man eine Stunde einkaufen, ohne dass sie Hunger bekommt, in den Schlaf gebracht werden oder gewickelt werden muss. Schon damit fängt es ja an: Anfangs verbrachte ich 45min damit, sie zu wickeln, alle 2 Stunden stillte ich 30-60min und mindestens eine Stunde täglich ging ich mit ihr spazieren. Bei 6mal wickeln pro Tag...
Nach drei Monaten konnte ich schon Rekorde in 3min-Wickelaktionen aufstellen. Ronja schaffte es immer schneller, sich satt zu trinken und in den Schlaf bringen konnte ich sie mithilfe einer Tragevorrichtung eigentlich immer und überall.
Es wurde also von der Geburt bis heute erst einmal - mit einigen Ausnahme-Phasen vielleicht - immer leichter. Soviel kann ich sagen.
Leider gibt es nur in meinem Fall ein Problem: Ich will gar nicht mehr Zeit für mich oder etwas für mich neu starten. An mehr Freiheit will ich mich gar nicht gewöhnen. Denn: Wir wünschen uns ein Geschwisterchen für Ronja. Und das schon seit Monaten. Warum will es nicht klappen? Was ist da los?

Morgengymnastik

Morgens 6.44Uhr.

"Väähhh..."

Ich schlurfe, kaum aus den Augen schauen könnend, in Ronjas Zimmer. Das Nachtlicht lässt mich nur schemenhaft mein kleines Würmchen erkennen. Aber ich erkenne, dass sie bereits aus dem Bett krabbelt.

"Ich will schmusen."

"Na, dann komm."

Wir kriechen unter meine Decke. Minutenlanger Kampf um die richtige Deckenposition.

"Maaaaamaaaaa, mein Fuß.."

"Was ist denn mit dem Fuß?"

"Der ist frech."

Das heißt soviel wie, er bleibt nicht unter der Decke. Kein Wunder bei dem Gehampel. Seufz. Jetzt bin ich wach. Keine Chance mehr auf ein paar Gnadenminuten Dösen.

Ronja hat sowieso etwas anderes im Sinn.

"Mama, du sollst was singen."

"Was wollen wir denn singen?"

Ich bin soooo müde...Diese Nacht musste ich viermal aufstehen: Einmal Schlamper suchen und zurück in Ronja´s Arme bringen (sie hatte ihn ins Bällchenbad gefeuert), einmal die Decke wieder hochziehen, einmal die "Zessin"-CD zum erneuten Einschlafen anmachen, einmal wurde ich einfach gerufen, obwohl ich nicht wirklich helfen konnte. Jedes Mal wurde aber wenigstens meine eigene Wieder-Einschlaf-Zeit kürzer.

"Der Vogel." Wir singen leise "Kommt ein Vogel geflogen". Ich bin mächtig stolz, dass mein Kind mit ihren zwei Jahren schon locker über 10 Lieder trällern kann.

Ich halte sie ganz fest, wir klauen gegenseitig unsre Nasen und ich kitzle sie ein bisschen. Mit ihrem Juchzen verfliegt auch die letzte Müdigkeit, aber wir kugeln uns

noch eine ganze Weile im Bett herum. Ich genieße diese morgendliche kuschelige Zeit mit meinem Mäuschen ganz besonders. Es macht einfach solchen Spaß! Urplötzlich aber hat sie genug und muss unbedingt jetzt und sofort etwas essen. Während Ronja also in ihrem Zimmer die "Zessin" hört und dabei ein Milchbrötchen vertilgt, verkrieche ich mich voller Hoffnung auf ein paar letzte Minuten Schlummern zurück ins Bett. Gefühlte 5 Sekunden geht das gut. Dann kommt ein kleiner süßer Elefant ins Zimmer gestampft. Gnadenlos wird das Deckenlicht angeknipst. "Tööööörōööö." Ach, sie ist so goldig!
"Maaamaaa, was machst du?"
"Ich döse noch ein bisschen..."
"Du musst aber ein Elefant sein."
Wer könnte da widerstehen? Ich gebe mich geschlagen, halte meine Nase fest und strecke mit der anderen Hand den Rüssel aus. Herrlich, so ein Tagesbeginn mit meiner kleinen Ronja!

Bummibärchen

Es ist ganz normal, dass wir gerade beim Abendessen sitzen, als ein ohrenbetäubendes "Stinker gemaaaacht!" von der Toilette ertönt. Noch halb kauend eile ich zu Ronja um eine Katastrophe mittleren Ausmaßes noch zu vermeiden. "Abputzen, Hose hoch ziehen, spülen, Hände waschen" - unser Klogebet. Trotzdem hat man natürlich keine Garantie dafür, dass nicht die kompletten Vorräte an Klopapier im Bad verteilt und die Tampons ausgeleert werden oder die Haargummis in der Toilette landen. Da schluckt man sein Brot dann doch lieber im Badezimmer runter. Was soll´s.
Vorher hatte Ronja übrigens auch einen netten Beitrag zur Diskussion eingeworfen, was denn zum Essen auf den Tisch kommen soll. Man kennt das ja. Der Vorratsschrank ist voll, aber irgendwie weiß man doch nicht, was man jetzt essen soll. Uns geht´s eben einfach zu gut.

"Soll ich uns eine Suppe machen, willst du Brot, oder Müsli, oder was ganz anderes?" Eigentlich war diese Frage für Horst gedacht, aber Ronja kräht gleich begeistert dazwischen: "Bummibärchen!"
Ich für meinen Teil hätte ja nicht einmal etwas gegen eine Tüte Gummibärchen zum Abendbrot. Aber abgesehen von den Zähnen und den abzusehenden nächtlichen Bauchweh unseres armen Kindes, sehe ich auch die Waage mit erhobenem Zeigefinger vor mir :(
Nein, ich gehöre nicht zu den Frauen, die ja so gestresst von Kind, Job und Haushalt sind, dass sie überhaupt keine Zeit zum Essen finden und ja außerdem den halben Tag hinter dem Nachwuchs herwetzen, wenn sie ihn nicht gerade durch die Gegend schleppen und somit noch dem letzten Bisschen an Kalorien jede Chance nehmen, sich auf den Hüften abzulagern. Leider. Da ich noch nie in meinem Leben wirklich dünn war oder mich wenigsten selbst nie als schlank wahrgenommen habe (wenn ich heute Bilder aus meiner Jugend sehe - da hätte ich doch echt zufrieden sein können!), sollte man meinen, ich hätte mich mal dran gewöhnt. Hab ich auch. Trotzdem gibt es immer wieder Phasen der Zufriedenheit und eben auch Phasen der Unzufriedenheit. Leider reichen letztere aber auch nur selten für eine anständige Diät.
Die beste Diät war immer noch das Stillen von Ronja. In dieser Zeit habe ich doch ohne Witz 25 in der Schwangerschaft zugenommene Kilos plus bestimmt nochmal fünf Kilo abgenommen. Was war das eine schöne Zeit! Leider längst vergangen. Inzwischen bin ich wieder genauso mopsig wie eh und je. Problemzonen sind vor allem der Hintern und der Bauch und die Beine und die Arme. Achja und das Doppelkinn, welches sich immer wieder gern auf Fotos zwischen mich und mein Ego drängelt. Es ist ein Elend. Wirklich toll ist also irgendwie keins meiner Körperteile, aber das Gesamtbild stimmt dann wohl wieder einigermaßen. Das klingt jetzt bestimmt schlimmer als es aussieht ;)

Todeskralle

Ronja und die Fingernägel. Auch diesem Thema sollte ich ein kleines Kapitel zugestehen.

Natürlich war Ronja eins von den Babys, das Fäustlinge tragen musste, damit es sich nicht das Gesicht und die winzigen Händchen mit den eigenen Nägeln zerkratzt. So süße Varianten es von diesen netten kleinen Fäustlingen gibt, so unpraktisch sind sie trotzdem noch immer. Es gibt sie zum Zuschnüren oder einfach drüber stülpen, mit Rüschen und ohne, vorwiegend in weiß. Aber eines haben sie alle gemeinsam: Wenn man sie braucht, sind sie grundsätzlich verschwunden.

Als Ronja noch ein Winzling war, da haben wir bzw. ich sie auf der Waschmaschine gewickelt. Kann ich übrigens nur jedem weiter empfehlen, der auch nicht den Luxus hat, gleich von Beginn an ein großes Kinderzimmer einrichten zu können. Die Wickelunterlage hatten wir mit Klettband befestigt, den Heizstrahler drüber montiert und fertig war die Wickelstation im 2x3qm-Badezimmer. Vor allem beim Baden war das superpraktisch, da man das Baby nicht nackig und frierend von einem ins nächste Zimmer bringen muss, sondern gleich wieder warm einpacken kann.

Aus diesem Grund liegen jetzt aber auch so um die 10 Fäustlinge hinter der Waschmaschine. Sind ja aber mit den Schnullis in guter Gesellschaft.

Wo sich die anderen Fäustlinge versteckt halten, wird sich wohl dann beim Umzug herausstellen. Ich vermute mal unter dem Bett, dem Sofa, den Schränken und sonstwo. Einige werden wohl auch ewig verschollen bleiben. Übrig waren jedenfalls nicht viele.

Für kurze Zeit hatten sie ja ihren Zweck erfüllt und danach ist Ronja ohnehin dazu übergangen, nicht sich selbst, sondern vor allem die lieben Eltern zu kratzen. Wir nannten sie zu dieser Zeit auch liebevoll die "Todeskralle". Eigentlich wollten wir immer Beweisfotos von unseren geschundenen Händen und Gesichtern machen, haben wir aber leider vergessen. Jetzt glaubt das natürlich keiner mehr.

Es kam die Zeit, in der man die Nägel auch mal schneiden sollte. Wer war selbstverständlich dafür zuständig? Klaro. Die Mama.

Anfangs konnten wir Klein-Ronja noch mit Rasseln, Singen und Kuscheltier-Theater oder sonstigen Bespaßungsaktionen soweit ablenken, dass einer die Nägel unauffällig beseitigen durfte. Unnötig zu erwähnen, dass wir uns völlig zum Affen machten... Dann aber half auch das nicht mehr. Sie hatte uns durchschaut und wehrte sich mit Händen und Füßen dagegen, dass wir ihr offensichtlich die einzige zur Verfügung stehende Waffe abnehmen wollten.

Hat mal jemand versucht, Nägel zu schneiden, wenn das Kind nicht will? Es ist ein Ding der Unmöglichkeit! Und das Geschrei...Weniger machte ich mir Sorgen um unser aller Trommelfell, als dass jeden Moment das Jugendamt vor der Tür stehen und Ronja mitnehmen würde. "Was für Rabeneltern! Dem Kind die Nägel schneiden! Also wirklich..!"

Was also tun?

Wir ließen Ronja zuschauen, wenn wir uns selbst die Nägel schnitten, in der Hoffnung, sie würde sehen, dass es eine ganz normale Sache ist. Ohne Erfolg. Mama und Papa stehen ja schließlich noch ganz andere Verteidigungsmittel zur Verfügung. Wir versuchten ein wöchentliches Ritual daraus zu machen, an dessen Ende ein kleines Stück Schokolade stand (Ronja war inzwischen schon 1,5 Jahre alt). Keine Chance.

Wir probierten, sie im Schlaf zu überlisten, hatten die Nagelschere bei jedem Spaziergang in der Tasche. Nix da. Ronja schlug sofort die Augen auf, sobald ich auch nur die Hand berührte.

Inzwischen zweifelte ich wirklich an meinen Mama-Qualitäten.

Nichts hilft in diesen Momenten so sehr wie eine richtige Freundin. Eine wahre Freundin. Nicht eine, die du auch um drei Uhr nachts anrufen kannst. Sondern eine, die dich dann fragt, ob du noch alle Tassen im Schrank hast, da du jawohl weißt, dass ihr Kind ihr eh schon nur das Mindestmaß an Schlaf zugesteht.

Ich wandte mich also an meine Freuden- und Leidensgenossin Maren.

"Wie schneidest du Michael eigentlich die Nägel?"

"Also damit hab ich keine Probleme: Ich hock ihn solang vor die Glotze."

"Und das funktioniert?"

"Klar. Oder denkst du jetzt, ich bin eine schlechte Mutter, weil mein Kind in diesem Alter schon fernsieht? Manchmal geht´s halt nicht anders. Außerdem weiß es ja keiner. Hihi."
"Nee, wenn das klappt, mach ich das jetzt auch. Ist mir grad egal. Das Geschrei mach ich nicht mehr mit. Da kann fernsehen gar nicht schlimmer sein."
"Eben. Wenn sie sonst nur weint, ist das für die Psyche ja auch nicht gut. Dann mach lieber nebenher noch was für die Intelligenz und schalt die Teletubbies ein. Hihi."
Gesagt getan, wir wollten sie also auch mit dem Fernseher ablenken. Leider muss ich aber auch darüber berichten, dass es zunächst nicht funktionierte. Dadurch, dass Ronja noch nie in ihrem Leben vor dem Fernseher saß, interessierte das Ding sie erst einmal nicht die Bohne. Also ihr Lieben, die ihr noch keine Kinder habt: Gewöhnt sie frühzeitig an die Glotze, dann habt ihr es in einem Ernstfall leichter!
In unserem Fall war es der Zufall, der uns rettete. Irgendwann bei einem erneuten Versuch, Ronja mithilfe vom Fernseher abzulenken, lief eine Sendung namens "Die kleine Prinzessin". Die hatte es ihr angetan. Die war es dann einfach. Sie fragte sogar danach. Natürlich war diese Sendung pädagogisch mehr als fraglich, aber wer fragt denn da schon nach? Wir waren gerettet! Wir konnten in aller Ruhe Nägel schneiden! Keine Dramen mehr! Diese Erleichterung!
Heute schaut Ronja fast täglich ihre 10min-Folge "Zessin".
Und gestern durfte ich ihr den kleinen Fingernagel mit Nagellack einschmieren, nachdem ich mir nach zwei Jahren zu Weihnachten auch mal wieder welchen drauf gemacht habe. Der war schon ganz komisch in der Konsistenz. Egal. Es war ein Heidenspaß, wie wir uns da so zusammen schick gemacht haben, mein kleines Mädchen und ich!
Jetzt hab ich doch direkt Hoffnung, dass es doch noch aufwärts geht mit Ronja und ihren Nägeln.

Warum?

"Maamaaa, warum holst du die Kartoffeln?"

"Weil ich die schälen möchte."

"Warum willst du die schälen?"

"Weil ich sie kochen möchte."

"Warum willst du die Kartoffeln kochen."

"Damit wir sie später essen können."

"Warum willst du die Kartoffeln essen?"

"Weil ich Hunger habe."

"Warum hast du Hunger?"

"Weil mein Bauch leer ist. Und deiner?"

"Auch."

Verstecken

Das Lieblingsspiel unserer kleinen Maus ist derzeit Verstecken. Und es macht auch wirklich einen Heidenspaß! Da bekommt der Spruch, dass man mit Kindern die Welt noch einmal neu entdeckt, mal wieder ein ganz andere Bedeutung. Denn Ronja spielt Verstecken auf ihre eigene Art und Weise...

"Du sollst bis eins zählen." Natürlich soll ich bis 10 zählen.

In der Zwischenzeit darf Ronja sich juchzend mit dem Papa verstecken. Falls sie mir das Versteck nicht schon vorher verraten hat ("Ich stecke mich dann mit Papa unterm Tisch."), brauche ich eigentlich nur laut zu rufen: "Wo seid ihr denn nur?" Prompt kommt ganz begeistert die Antwort: "Hinter dem Vorhang!" Es ist köstlich! Natürlich verkneife ich mir die Frage und mache mich laut stapfend auf die verzweifelte Suche nach meinen Lieben. Unsere Versteckmöglichkeiten in der Wohnung sind begrenzt, für eine Neu-Entdeckerin der Kunst des Versteckens aber phänomenal: hinter dem Bett, hinter den Türen, unter den Jacken, hinter dem Vorhang...Ich saß auch schon mit ihr auf dem Sofa unter der Decke. Horst hätte uns

ganz sicher nie gefunden, wenn Ronja nicht vor lauter Neugier und Begeisterung den Kopf aus der Decke gesteckt hätte, sobald er zur Tür herein kam. Herrlich!
Es ist aber auch mitunter schwierig, die Kleine vom immer gleichen Lieblingsversteck abzubringen: in der Dusche. Nichts Schöneres als mit Mama oder Papa hinter dem Duschvorhang zu hocken und zu warten, bis dieser zur Seite gerissen wird: "Daaaaa hab ich euch!" Wildes Gekreische, juchzen und: "Nochmal in der Dusche stecken!!!"

Beinfreiheit

Als Baby hatte Ronja mal eine sehr lange Phase, da hat sie es einfach geliebt, nackig herum zu strampeln. Es reichte völlig aus, ihre Windel auszuziehen und sie auf eine pieselfeste Unterlage zu legen, schon konnte ich gut und gerne 20 Minuten E-Mails checken, ein Brot schmieren, telefonieren oder sonstige Dinge des Alltags erledigen. Herrlich! Diese 20 Minuten waren für mich so kostbar, dass ich mich noch mehr als ein Jahr später lebhaft daran erinnern kann...
Eines hat sich bis heute für Ronja nicht geändert: Sobald die Klamotten runter sind, möchte sie sofort herum toben. Es ist jeden Abend und jeden Morgen das gleiche (Theater). Ich muss zugeben, dass es mir mal mehr und mal weniger Spaß macht. Abgesehen vom Zeitdruck, der natürlich vor allem morgens nicht häufig ausbleibt, nervt es natürlich einfach ab und zu, wenn sich der Umzug von Schlafanzug in Tageskleidung ins Unendliche zieht. Außerdem werden ja auch die kleinen nackigen Füßchen kalt, wenn sie vom Kinder- ins Wohnzimmer, durch den Flur und wieder zurück rennen. Irgendwann muss ich mein Mäuschen also auf jeden Fall ermahnen. Aber natürlich merkt sie ganz genau, dass mein Mamaherz so glücklich ist, wenn ich ihr einfach nur zuschaue, wie sie da juchzend und freudestrahlend durch die Gegend hüpft und einen Riesenspaß daran findet, einfach nur die Bewegungsfreiheit ohne Hose zu genießen.
Einerseits möchte ich, dass alles einfach wird. Schnell geht. Sie sich am besten allein an und auszieht.

Aber ein ganz großes Andererseits möchte die Zeit anhalten und dass sie für immer vor mir davon läuft, wenn ich sie anziehen will. Ich möchte dieses Lachen und Juchzen festhalten.

Peinlichkeiten

Normalerweise ist es mir recht egal, was andere Leute so von mir oder uns halten. Natürlich achte ich darauf, dass keiner von uns völlig verdreckt in der Gegend herum rennt und wir versuchen schon uns im Allgemeinen zu benehmen.
Es ist aber auch nicht so, dass ich ständig die Fenster putzen oder vor der Haustür kehren muss. Ich gehe auch mal ungeschminkt mit Sturmfrisur und Schlabberhose einkaufen. Und wenn mein Mäuschen bei -10 Grad Celsius eine Sonnenbrille aufsetzen möchte, dann darf sie das tun.
Auch gegen lautes Singen beim Spazieren gehen hatte ich bisher nichts einzuwenden. Aber gerade beginnt eine Phase, in der ich doch ab und zu mal rot werden muss. Ronja kann mit ihren knapp zweieinhalb Jahren schon unheimlich viele Wörter und Sätze völlig korrekt aussprechen. Sie weiß ganze Bücher auswendig und erscheint mir in dieser Hinsicht sehr weit entwickelt. Die Ärztin hatte das in der letzten Untersuchung auch bestätigt. Keine Ahnung, woher sie dieses Sprachtalent hat, jedenfalls bin ich natürlich riesig stolz darauf und immer wieder fasziniert bis fast schockiert, wie schnell sie in diesem Bereich lernt.
Aber...
Es gibt doch einige Wörter, bei deren Aussprache von Ronja es leicht zu Missverständnissen kommen kann.
Harmlos, wenn ich statt Fleischsalat "Schweißsalat" auf mein Brot schmiere. Auch nicht schlimm, wenn sie mal "pobieren" möchte.
Wenn sie jedoch lauthals das Lied von "Pimmelchen und Pimmelchen" (Auch genannt: Himpelchen und Pimpelchen) trällert, möchte ich schon gern den Kinderwagen stehen lassen und pfeifend davon laufen. Ups!

Auch dass Ronja momentan gerne jedermanns Namen wissen möchte und was die Leute gerade so machen, ist mir doch ein bisschen peinlich. Vor allem, wenn es heißt:" Maaaamaaa, was macht der Mann da?" und es sich dabei eigentlich recht eindeutig um eine Frau handelt. Das kennen aber wohl viele Eltern. Ich finde es trotzdem so schön lustig, dass ich es mal erwähnen wollte.
Dazu fällt mir auch noch etwas ein, mit dem ich so in der Art aber dann doch nicht gerechnet hatte. Mir ist absolut bewusst, dass es im Alter von 3 bis 4 Jahren zu der so genannten "Warum"- Phase kommen wird und ich habe mich nervlich darauf eingestellt. Ich werde standhalten. Ich werde nicht die Geduld verlieren. Kinder müssen ja viel fragen, damit sie schlauer werden, nicht? Jaja. Aber keiner hat mir gesagt, dass es im Alter von 2 bis 3 Jahren zu der "Was machst du da"-und-"Was ist das?"- Phase kommt. Die zerrt schon ziemlich an den Nerven, da ich ganz genau weiß, dass Ronja ganz genau weiß, was das ist oder was ich da mache. Sie sieht es ja. Und sie hat es schon 100mal gesehen. Und ich habe es ihr auch schon 100mal erklärt, wenn ich mir die Haare kämme oder die Augen schminke oder koche oder sonstwas. Naja.
Jetzt bin ich abgedriftet.
Zum Thema Peinlichkeit wollte ich aber noch die Geschichte vom Schwimmbad erzählen. Wir waren also zu dritt im Schwimmbad. Ein schöner Mama-Papa-Kind-Ausflug, den wir auch echt gerne machen und es ist normalerweise immer recht spaßig für jeden von uns. War es auch diesmal. Nur das Klein- Ronja leider unseren guten Pilzauflauf auskotzen musste, als wir gerade am Beckenrand saßen und die Leute beobachteten. Oh nein! Ich war so im Schock und stammelte nur. "Ach Gott, Ronja, was ist denn jetzt los? Was machen wir denn jetzt?" Im ersten Moment wusste ich das wirklich nicht. Dann schnappte ich erst Ronja und ging mit ihr unter die Dusche und holte mir dort ein paar Tücher zum Aufwischen, während Horst das Erbrochene bewachte. Es sollte ja bloß niemand auf unseren Pilzen ausrutschen... Nein, die Blicke der Leute waren nicht sehr angenehm. Aber war mir dann in dem Moment eigentlich doch auch egal. Es war mir höchstens ein bisschen peinlich, dass wir danach einfach weiter geplanscht haben. Hallo? Wir hatten schließlich Eintritt

bezahlt und Ronja ging es wieder gut. Sie hatte sich nur ein bisschen überfressen und das hatte sich mit der Hitze im Schwimmbad eben nicht so gut vertragen. Wir kannten ja niemanden.

Wenn man das dann hinterher mal erzählt, heißt es gleich: "Ach, das passiert ja oft bei kleinen Kindern im Schwimmbad." Aha. Und warum sagt einem das keiner? Hätte ja mal jemand erwähnen können, dann hätte ich mich darauf einstellen können, einfach damit rechnen können. Ich wäre ja nicht ständig auf der Hut vor einer Kotzattacke gewesen, aber zumindest wäre ich mir doch in dem Moment nicht so blöd vorgekommen. Die doofen Gaffer hätte ich nur angeschaut und lächelnd selbstbewusst gesagt: "Ist ja normal, kommt ja öfter mal vor."

Sabberflecken

Als ich damals nach dem Mutterschutz und der Homeoffice-in-Elternzeit-Phase wieder anfing zu arbeiten, war eines meiner größten Probleme einfach nur sauber ins Büro zu kommen.

Ronja, zu dieser Zeit 14 Monate alt, liebte es, einfach nur herum zu sabbern. Ist ja in diesem Alter auch typisch. Entweder es kommen Zähnchen oder das Immunsystem muss mithilfe einer ständigen Rotznase aufgebaut werden oder Baby will einfach nur ausprobieren, wie man lustige Bläschen mit der Spucke machen kann. Blöd nur, dass die dann irgendwie immer auf meiner Hose, meiner Bluse oder sogar meinen Schuhen gelandet ist. Natürlich fiel mir das erst auf, wenn wir fertig eingepackt abfahrbereit vor der Tür standen und mir schon wieder Schweißperlen auf der Stirn standen.

Man ist ja schließlich hin und her gerissen: Packt man erst das Baby in den Marshmallow- Anzug, fängt es natürlich an zu schwitzen bis man selbst die Winterjacke übergeworfen hat, sprich: fängt an zu nörgeln und zu jammern und zu weinen. Das arme Ding! Dreht man aber die ganze Sache um, klemmt auf jeden Fall noch der Reißverschluss oder ein Handschuh ist verschwunden und man rennt dick eingepackt noch in der Wohnung rum. Auch ohne diese netten kleinen Seitenhiebe

des Alltags ging es zumindest mir immer so, dass die bloße Anzieherei von Ronja mich ins Schwitzen brachte. Neben einem guten Waschmitttel brauchte ich also auch noch ein starkes Deo.
Am besten wären auch Permanent Make Up und pflegeleichte Haare gewesen. Gegen ersteres bin ich leider allergisch, von letzterem träumt wohl jede Frau vergeblich.
So blickte ich immer voller Neid auf meine aus dem Ei gepellten kinderlosen Kolleginnen und vermied beim Toilettengang tunlichst den Blick in den Spiegel, der mir ja doch nur hingeschnuddelte Wimperntusche und ein schnell mal langweilig zusammengebundenes, naturkrauses Etwas offenbart hätte.
Aber dann musste ich doch grinsen. Ich hatte und habe etwas, das die nicht haben. Etwas Wunderbares! Mein Baby.
Jeden Tag gehe ich gern ins Büro. Ich freue mich auf meine Aufgaben, auf die Kollegen, auf die Abwechslung.
Aber nichts geht über mein Kind. Mein Baby. Meine kleine süße Ronja. Selbstverständlich steht ihr Bild auf meinen Schreibtisch und erinnert mich daran, wofür ich das alles tue. Was der Sinn ist. Ihr glückliches Lachen zu sehen. Und ich vermisse sie. Und ich freue mich so sehr auf sie. Da ist ein Glück in meinem Herzen, das vorher einfach nicht da war und jetzt alles ausfüllt.
Wer interessiert sich denn bitte für Sabberflecken? Mir doch egal!

Schwache Momente

Im Leben jeder Mutter gibt es schwache Momente der einen oder der anderen Art. Keiner kann mir erzählen, dass es nicht so wäre. Bücher über perfekte schicki-micki-Mamas im Gegensatz zu den Schluder-Mamas undsoweiter gibt es ja schon so einige. Darauf will ich auch gar nicht eingehen. An diese scheinbar perfekten Mamas glaubt doch kein Mensch. Das ist lächerlich. Wie gesagt, jede hat mal einen schwachen Moment. Auch die. Garantiert. Vielleicht gibt es manche, die für den Job besser geeignet sind als andere. Aber das ist ein anderes Lied...

Jetzt erzähle ich mal von meinen beiden Hauptarten von schwachen Momenten: die Ausraster und die Alles-zunichte-macher. Beide schlimm.
Es ist also ein ganz normaler Tag im Winter. Ronja ist 2,5 Jahre alt. Ich bin 28 und fühle mich zunächst mal auch wie 28. Bis ich aus dem Büro trete, gehe ich gefühlt mal wieder eher auf die 80 zu. Dieses Fühlalter nimmt aber stetig ab, bis ich mich ins Auto setze und voller Vorfreude zur Krippe düse. Ach, was freue ich mich auf mein Kind! Meine süße kleine Maus! Der Rest vom Tag wird ganz sicher herrlich!
Gleich nach der Krippe wollen wir noch schnell in die Stadt gehen um unsere Leihbücher abzugeben. (Leider hat die Stadtbücherei so blöde Öffnungszeiten, dass wir nicht gleich noch nach neuen Büchern Ausschau halten können und uns auch ein bisschen beeilen müssen, aber naja.)
Ich habe schon Ronjas Lachen im Ohr, sehe schon ihre leuchtenden Augen vor mir und wie sie mir entgegen springt. Ja, ich freue mich einfach nur, sie gleich in den Arm zu nehmen. Das erfüllt mein Mama-Herz.
Als ich am Tor ankomme bin ich also guter Dinge. Voller Elan möchte ich hinein gehen, da ist die Tür verschlossen. Na wunderbar. Das kommt leider ab und zu mal vor, dass die Mädels vergessen den Summer zu drücken. Ich klingele also. Nach 5 Minuten werde ich endlich erhört. Ein Blick auf die Uhr - noch alles im grünen Bereich.
Vorbei an bunten Kinderzeichnungen, Essensplänen und Aushängen laufe ich durch die mit lauter winzigen Händeabdrücken bedeckte Glastür und zur Krippengruppe. Ronja hat mich noch nicht bemerkt und ist ganz in ihr Puppenspiel vertieft. So süß! Einen kurzen Moment frage ich mich schon, warum sie daheim eigentlich nur selten in der Lage ist, mal allein zu spielen, da hebt sie den Kopf. "Maaaaamaaaaa!" Die kleine Maus stürzt sich herzzerreißend jammernd in meine Arme. "Hallo Mausemaus! Was ist denn los? Warum jammerst du?"
Darauf gibt die Kleine keine Antwort und die Erzieherinnen wundern sich nur: "Bis eben war noch alles in Ordnung."
Hmm. Kommt leider auch mal vor, dass Ronja sich das Quengeln für mich aufhebt. Anscheinend eigne ich mich doch am besten als Jammer-Auffangstation. Ronja

braucht dabei auch nicht unbedingt einen wirklichen Grund zum Jammern. Ab und zu muss es eben einfach mal sein. Da ich es ja auch von mir selbst kenne, kann ich das schon in der Regel ganz gut einstecken. Meistens hat sie auch bald wieder gute Laune.

Heute nicht...

"Wollen wir dich erst einmal warm einpacken? Draußen ist es gaaaaanz kalt. Komm wir ziehen die Schneehose an."

Mittlerweile befinden wir uns im ungefähr 100 Grad warmen Garderobenbereich. Allerdings weigert Ronja sich aus unerfindlichen Gründen zu ihrem Kirschplatz zu gehen.

"Nein. Nicht" mault sie rum.

"Ähm, warum denn nicht? Na komm schon, es geht auch ganz schnell. Mama hilft dir." Bis jetzt gelingt es mir geduldig zu bleiben, obschon ich bereits die Schweißperlen auf der Stirn habe. Boah, ich muss mal kurz raus aus dem Schal.

Nur mit langem guten Zureden lässt sich die kleine Prinzessin meckernd und nörgelnd von mir anziehen. Jedes Kleidungsstück muss dabei allerdings auf´s Neue diskutiert werden: Mütze, Schal, Winterhose, Jacke, Schuhe, Handschuhe. Meine Betriebstemperatur liegt inzwischen bei etwa 280 Grad. Nix wie raus hier! Doch als ich nach Ronjas Hand greifen will, fällt ihr noch etwas ganz Dringendes ein: "Was trinken." "Mäuschen, das Trinken wartet im Auto. In der Krippentasche haben wir nur die Salzstangen. Na, komm, wir sind ja gleich da..." Aber Frau Sturkopf muss anscheinend jetzt sofort etwas zum Trinken haben und kann ansonsten keinen Schritt tun. Stocksteif steht sie da und heult: "Ich will aber was trinken." Noch immer versuche ich es auf die sanfte Tour: "Ja, mein Schatz, du kriegst ja gleich etwas. Dein Trinkpäckchen ist im Auto. Je schneller du jetzt kommst, desto schneller sind wir da." Gottseidank, sie setzt sich schmollend in Bewegung.

Wir haben es schon fast geschafft und ich freue mich schon auf die meiner Kleidung angemessenen Temperaturen draußen, da kommt uns Lisa mit Benni auf dem Arm entgegen. Ich möchte erwähnen, dass Benni ein gutes Jahr jünger als Ronja ist. Das interessiert die Dame aber natürlich herzlich wenig. "Mama, tragen." Wieder bleibt sie stehen und hebt auffordernd die Arme. Och menno, jetzt waren wir gerade so schön im Lauf. "Nein, Ronja, du bist schon groß, du kannst laufen. Du willst doch bald in den Kindergarten. Kindergartenkinder werden nicht getragen." Gibt es eine Steigerung im Jammern, Schmollen und Maulen? Ronja kennt jedenfalls alle Stufen. Gerade sind wir noch eine höher gerutscht und drohen am Limit anzukommen. Egal, ich kann sie jetzt echt nicht bis zum Auto schleppen.

Endlich treten wir zur Tür hinaus. Auf dem Treppenabsatz steht ein Kind, wartet vermutlich auf seine Mutter, und mampft genüsslich eine Banane. Ich ahne es schon..."Mama, auch eine Nane!" So langsam bin ich echt genervt. "Ronja, ich hab jetzt keine Banane dabei. Im Auto hab ich einen Apfel für dich. Der ist auch lecker. Sei nicht so ein Fressneider!" Ich schleife sie schnell mit mir und aus dem Tor raus. So jetzt nur noch über die Straße.

Plötzlich reißt sich Ronja los und will mitten auf der Kreuzung einen Wutanfall zum Thema Banane-oder-nicht-Banane bekommen. Sie heult und schreit und will nicht an die Hand gehen. Stattdessen lässt sie sich einfach zu Boden plumpsen und schlägt um sich.

So, jetzt reicht´s!

Bei mir brennen sämtliche Birnen durch. Ich schmeiße alle guten Vorsätze über Bord. Noch nie hab ich meinem Kind auch nur einen Klaps gegeben. Und das tue ich auch jetzt nicht. Ich möchte das nie tun. Aber auch anschreien wollte ich es nie. Ich wollte doch so eine von der ruhigen Muttersorte sein. Kreischen bringt ja nix. Tut dem Kind nur in der Seele weh. Ist falsch. Ich will es nicht tun. Aber ich muss...

"STEH JETZT SOFORT AUF UND GEH AN DIE HAND!!!!!!! ABER SOFORT!!!!!!!!!"

Das saß. Ronja gibt keinen Mucks mehr von sich. Sie lässt sich an der Hand zum Auto abführen und schluchzt noch ein bisschen vor sich hin.

Ich fühle mich schrecklich. So hatte ich mir das nicht vorgestellt. Wir wollten doch Spaß zusammen haben. Jetzt mag sie mich bestimmt nicht mehr. Oder? Das Schlimme ist, dein Kind mag dich immer noch. Es liebt dich noch genauso wie vorher. Selbst wenn du ihm Gewalt antust. Dieser Gedanke erschreckt mich immer wieder. Und gerade deshalb müssen wir so aufpassen, dass wir nicht die Beherrschung verlieren. Trotzdem habe ich sie gerade total aggressiv angeschrien. Das hätte nicht passieren sollen. Aber ich bin auch nur ein Mensch. Manchmal geschieht es. In einem schwachen Moment.

Ja, und dann gibt es da bei mir noch die andere Sorte der schwachen Momente. In denen bin ich dann aber auch im wahrsten Sinne des Wortes geschwächt: Dann, wenn ich krank bin oder mal wieder die ganze Woche kaum geschlafen habe. Dann geschehen die Momente, die von jetzt auf gleich wochen- und monatelange schwerste Erziehungsarbeit einfach zunichte machen.
Auch dazu habe ich ein paar Beispiele.
Ronja darf mit ihren 2,5 Jahren genau einmal am Tag zehn Minuten ihre Prinzessin im Fernsehen schauen. Das halte ich auch für völlig vertretbar. Zwar würde ich durchaus gern mal ein wenig Abwechslung in die Sendungsauswahl bringen, aber da ist nix zu machen. Ronja besteht zu 100% auf ihre Kleine Prinzessin und dann möchte ich sie ihr auch gönnen. Zumal sie bisher mit diesem Fernsehprogramm immer rundum zufrieden war. Bisher. Bis ich eines Tages krank wurde. Mit 40 Grad Fieber und dickem Hals befand ich mich einfach nicht in der Lage mein Mäuschen zu unterhalten. Horst musste dringend auf die Baustelle und so blieb mir nichts anderes übrig als das Kind schon vor der Mittagszeit vor der Glotze zu platzieren. Cinderella. Nach 1,5 Stunden sollten doch die Tabletten soweit gewirkt haben, dass ich wenigstens ein bisschen puzzeln oder Turm bauen kann.
Haben sie auch, aber nun hatte Klein- Ronja erstmal Hunger. Und so ein Kleinkind ist einfach total schlau. Natürlich hat es sofort durchschaut, dass Mama heute irgendwie total verweichlicht ist. Da kann man also ohne Umschweife auf "Bummibärchen" bestehen und zwar ohne die lästigen Umwege über Brot, Obst oder gar Gemüse. Leider hat sie recht. Ich hab jetzt wirklich keinen Nerv und keine Kraft zu diskutieren, gebe ihr die Süßigkeiten und sage mir "es ist ja eine Ausnahmesituation". Selbiges versuche ich auch meinem Kind zu erklären, aber

Ronja mampft schon fröhlich vor sich hin und heckt wahrscheinlich schon neue Pläne aus, wie man Mamas geschwächte Lage ausnutzen kann.
Als mir auffällt, dass Horst unsere Maus zwar angezogen hat (wie er auf die Idee kommt, dass rot und pink zusammen passen und wo er dieses Unterhemd gefunden hat, welches etwa 5m zu lang ist, möchte ich mich jetzt nicht fragen), aber wie immer vergessen hat, dass sein Kind ein Mädchen ist, dem man auch täglich die Haare kämmen sollte, starte ich einen kläglichen Versuch, die Bürste zum Einsatz zu bringen.
"Mäuschen, du weißt doch, wenn du nicht einmal am Tag die Haare kämmst, dann ziepen sie immer mehr."
"Nein, ich will nicht."
"Die Prinzessin kämmt auch immer ihre Haare. Du siehst ja schon aus wie ein kleiner Zottelbär."
"Nein, ich will nicht."
Ach, was soll´s. Es ist ja eine Ausnahmesituation.
"Na gut, dann zieh bitte wenigstens die Hausschuhe an, sonst wirst du noch genauso krank wie Mama."
Ronja will gerade auch hier widersprechen, da klingelt das Telefon.
Zwischendurch muss ich mal erwähnen, dass zwar das Fieber um 2 Grad gesunken ist, meine Beine sich aber wie Pudding anfühlen und auch der Rest von mir nicht so will wie es jetzt praktisch wäre, nämlich am liebsten nur ins Bett unter die warme Decke. Als Vorbote vom wieder ansteigenden Fieber bekomme ich Schüttelfrost und kalten Schweiß. Ich mag mich unter meine warme Kuscheldecke verkriechen. Aber die Zeiten als das noch ging, sind vorbei. Vor mir steht eine 2 Jährige und will versorgt und bespaßt werden. Was mach ich nur?
"Ja?"
"Hey, Franzl, wie geht´s meiner allerliebsten Nichte?" Meine Schwester ist die einzige, die mich so nennen darf. Natürlich interessiert sie sich erst einmal nur für ihr ein-und-alles, welches zwar eigentlich *mein* Kind ist, aber was soll´s.
"Der geht´s gut."

"Oje, was ist denn mit dir passiert? Bist du krank?"
"Sieht so aus. Mein Hals ist mal wieder zu." Meine riesigen Mandeln besitzen in meiner Familie schon einen gewissen Bekanntheitsgrad.
"Oje, und was ist jetzt mit Ronja? Wie machst du das dann? Ist Horst etwa nicht da?"
"Der musste zur Baustelle."
"Wenn du magst, kann ich gerne kommen."
Meine Schwester ist doch ein Schatz! Ich denke kurz an unsere Wohnung, die sich im Zustand des schlimmsten Chaos befindet, die ungefalteten Wäscheberge, das ungeputzte Bad...Natürlich bin ich ausgerechnet an unserem Putz- und Waschtag krank geworden. Man muss dazu sagen, dass ich mit meiner perfekten Schwester noch nie mithalten konnte, aber wie groß wird ihr Schock wohl sein? Tja, darüber darf ich mir jetzt keine Gedanken machen, schließlich gilt es, Ronja vor der völligen Verwahrlosung zu retten.
"Das wär toll."
Als ich aufgelegt habe, bin ich doch sehr erleichtert.
Bis Alina kommt, beseitige ich mit allerletzter Kraft wenigstens die Krümelparaden in Küche und Essbereich, während Ronja mir weiterhin fröhlich auf der Nase herumtanzt.
Als ich mich erschöpft hinlege, zeigt sich jedoch für einen kurzen Moment auch, was für ein liebes Mädchen sie im Grunde doch ist. Sanft streicht sie mir über´s Gesicht.
"Ei ei". Sie gibt mir ein Küsschen auf die Nase, die Stirn und die Wangen und legt ihr Gesicht an meines. Ich bin zu Tränen gerührt. Welch ein Engel sie doch ist!
"Mama, hast du Aua?"
"Ja, mein Schatz."
"Und wo?"
"Da." Ich deute auf den Hals.
"Soll ich mal pusten?"
Ich nicke und meine süße Mausemaus pustet mit ganzer Kraft auf meinen Hals.

"Jetzt ist es bald wieder gut." Die beschwichtigende Tonlage und Mimik kommen mir irgendwie bekannt vor. Ronja streichelt mich noch ein bisschen und mein Mama-Herz glüht vor Stolz.

Trotzdem bin ich natürlich unendlich dankbar als einen Moment später Alina und ihr Mann Stefan in der Tür stehen. Wer weiß, wie lange das noch gut gegangen wäre. Selbstverständlich haben die beiden wie immer ein Geschenk für ihre Lieblingspatenkind dabei. Horst witzelt später, dass Alina wohl daheim einen Schrank extra für Geschenke für Ronja besitzt, da sie sich nichts Schrecklicheres vorstellen kann, als im Spontanfall ohne Geschenk da zu stehen. Mein schwacher Versuch, Ronja zu einem "Danke" zu bewegen, scheitert kläglich. Es interessiert natürlich auch kaum jemanden. Viel wichtiger ist (und da muss ich ja auch zustimmen), dass Ronja sich über den Besuch von Herzen freut. Endlich jemand zum Spielen und Toben. Der Tag ist gerettet!

Bis zum Abend ist unsere Mausemaus völlig erschöpft. Die Pateneltern sind auf dem Heimweg und Horst von der Baustelle zurück. Mein Zustand hat sich nicht sonderlich verbessert. Somit kann ich es nicht verhindern, dass Ronja ohne die Zähne zu putzen und das Zimmer aufzuräumen ins Bettchen gehen darf.

"Sie ist doch total fertig. Außerdem ist es ja eine Ausnahmesituation", meint Horst.

Na gut.

Aber ich ahne es schon jetzt:

Es dauert Wochen, bis ich diese schwachen Momente der nicht- Erziehung wieder einigermaßen im Lot habe. Wochen und Monate habe ich meinem Kind beigebracht, dass 10 Minuten fernsehen am Tag reichen, dass wir morgens und abends die Zähne putzen, einmal am Tag die Haare kämmen, immer die Hausschuhe anhaben, Danke sagen, die Räuberhöhle aufräumen, erst etwas Gesundes essen und danach zum Nachtisch etwas Süßes - alles zunichte. An einem Tag. Es ist zum Heulen. Sie hatte das alles schon so toll gelernt und war daran gewöhnt und es war so einfach. Und jetzt fange ich wieder von vorne an. Wegen einem schwachen Moment. Grrrr....

Nur der Vollständigkeit halber will ich hier noch erwähnen, dass es sich natürlich ganz ähnlich verhält, wenn nicht die Mama, sondern das Kind krank ist. Plötzlich wird man nachlässig, schließlich ist das Mitleid unendlich groß und man möchte das kleine Mäuschen durch vollkommen überbewertete Erziehungsmaßnahmen nicht noch mehr quälen. Also hält man sich nur an das Essentielle. So ist das eben. Ist ja auch verständlich. Und danach fängt man wieder von vorne an. Tja.

Echte Freunde

Immer wieder schön, so ein Treffen mit der Maren und ihren zwei Jungs.
Ich selbst bin in der 6. Woche schwanger und von meinen hin- und hergerissenen Gefühlen will ich jetzt gar nicht anfangen. Die unendliche Freude auf der einen, aber auch die übermäßige Angst, das Krümelchen zu verlieren, auf der anderen Seite. Natürlich weiß Maren es schon. Schließlich hat sie jetzt über neun Monate mit mir gebibbert und da sie bei Michael auch recht lange auf den positiven Test warten musste, kann sie gut nachempfinden, wie es mir geht. Leider haben wir ausgerechnet heute einen schlechten Tag erwischt, was meinen körperlichen Zustand betrifft: Seit fast zwei Wochen kämpfe ich mit Husten herum, weshalb wir unser Treffen wegen der Ansteckungsgefahr auch immer wieder verschoben haben. Da ich die ganze Nacht von Hustenanfällen heimgesucht wurde, sehen meine Augenringe übelst aus. Mein Streuselkuchengesicht und die strähnigen Haare brauche ich gar nicht weiter erwähnen…Maren meint, meine Augen strahlen trotzdem. Wie süß von ihr. Ja, kann schon sein. Ich freue mich so sehr! Ja, das macht alles andere wett! Trotzdem macht mir die Übelkeit sehr zu schaffen und die Kreislaufprobleme geben dann den Rest dazu. Ich dachte eigentlich, das reicht. Aber nein. Durch die Übelkeit habe ich wohl nicht genug gegessen, jedenfalls kriege ich jetzt auch noch Migräne. Na bravo. Und dabei hatte ich mich so auf das Treffen gefreut. Ich stelle mich jetzt einfach stur, versuche all die Attacken meines Körpers zu ignorieren und den Nachmittag zu genießen. Ich bin schwanger! Hey, alles ist toll!

Wir sind vor ihrer Haustür verabredet. Ronja ist auf dem 3-Minuten-Weg vom Kindergarten zu Maren eingepennt und liegt schnarchend und sabbernd in höchst abstrakter Weise in ihrem Kindersitz. Ich rufe Maren an.
„Hi. Wir sind da! Bei euch alle bereit?“
Babygeschrei. „Ähh, hallo Franziska! Schön!...“ Nochmal Geschrei. „Du, der Lukas ist gerade aufgewacht. Ich muss noch schnell stillen, dann komm ich. Hast du noch was zu erledigen oder…?“ Die Arme ist total gestresst. Ich denke mal lieber nicht darüber nach, wie ich mal zwei Zwerge unter einen Hut bringen werde.
„Mach dir keinen Kopf. Ronja pennt und ich mach auch die Augen zu bis ihr kommt.“
Gesagt getan.
20 Minuten später stehen Maren, Michael und Lukas startklar vor der Tür. Leider hat aber Ronja keinen Bock auszusteigen. Erst als sie ihren Michael sieht, springt sie vom Sitz. Trotzdem gibt sich unsere kleine Diva die erste halbe Stunde schüchtern und verbringt den Spaziergang zum Spielplatz schweigend im Buggy. Gut, so können Maren und ich in Ruhe plaudern. Jede von uns hat so ihre Wehwehchen mit den Kleinen. Maren muss bei ihrem dreijährigen Sohn noch immer die Windeln wechseln und auch den Schnulli konnte sie noch nicht abgewöhnen. Dass er jegliches Obst verweigert, macht ihr außerdem Sorgen. Dafür kann ich nur voller Neid davon hören, dass Michael sich schon lange Zeiten allein beschäftigen kann. Ein Traum! Ronja lässt mich noch immer nur mit größter Mühe alleine auf die Toilette gehen. Selbst besteht sie auf ihre Privatsphäre, aber bei mir ist das natürlich etwas anderes. Wenn ich es dann doch mal schaffe, die Tür zu verschließen, hockt sie sich wie ein Hündchen davor und wartet auf mich. Bei jeglicher Hausarbeit möchte sie mir zuschauen oder mir helfen. Egal, was ich tue, sie klebt an mir. Einerseits mag ich es ja, meine Mausemaus ständig um mich zu haben. Andererseits nervt es schon ab und zu und ich kann eben auch gewisse Dinge einfach nicht in Ruhe erledigen: Telefonate, kurz etwas Lesen, etwas im Internet schauen…Insgesamt denke ich einfach, es wäre wichtig, dass Ronja auch alleine spielen kann. Hm. Vielleicht

kommt das ja von ganz alleine, wenn es nicht mehr anders geht? Die Hoffnung stirbt zuletzt.
Am Spielplatz angekommen, müssen Maren und ich unsere Unterhaltung über die Essmanieren unserer Kinder jäh unterbrechen, da Ronja unbedingt sofort schaukeln muss, während Michael sich auf die Rutsche stürzt. Zwar kommt der Kleine nach jedem Rutschgang angerannt und möchte unsere Prinzessin zum gemeinsamen Rutschen überreden, aber Ronja befindet sich noch immer in der Diva-Phase. Es ist köstlich! Schließlich können Michael und ich sie vom Klettergerüst überzeugen und plötzlich gibt es kein Halten mehr. Die beiden haben Maren und mich längst vergessen und so können wir wieder quatschen und müssen nur ab und an Hilfestellungen geben. Lukas sitzt in der Bauchtrage und schaut zufrieden in die Gegend.
„So sieht er natürlich total pflegeleicht aus“, sage ich. Aber diesen Frieden muss Maren teuer bezahlen: Immerhin schleppt sie da gute 8 Kilo die ganze Zeit mit sich herum. Der Kleine hält nämlich gar nichts von Kinderwägen. Mir wird angst und bange. Habe ich alle Schwierigkeiten der Babyzeit vollständig verdrängt? Schaffe ich das überhaupt nochmal? Maren beruhigt mich: „Natürlich schaffst du das!“ Irgendwie geht es immer. Und wir lachen.
Genauso unsere beiden Zwerge. Ronja ist jetzt vollends aufgetaut. Sie und Michael jauchzen um die Wette, herzen sich, rennen hintereinander her, machen einfach Quatsch. Es ist einfach wunderbar diese unschuldige pure Freude mit anzusehen! Ich bin wirklich froh, dass ich das Treffen nicht abgesagt habe, da es mir nicht so gut geht. Ich genieße den Anblick meiner glücklichen Tochter. Sie lacht und sie strahlt. Es ist toll, dass sie in Michael einen Freund hat, der genauso wild und verrückt ist wie sie.
Später frage ich sie: “Magst du den Michael?“ „Ja.“ „Ist er dein Freund?“ „Ja.“ „Und warum magst du ihn so sehr?“ „Weil er immer lacht.“ Herrlich.
Leider geht auch der schönste Nachmittag vorbei. Natürlich möchte Ronja das überhaupt nicht einsehen und bekommt prompt einen Trotzanfall, als ich nach meiner Vorankündigung dann auch tatsächlich gehen möchte. Nur mit einer Gummibärchen-

Erpressung lässt sie sich zum Rückweg bewegen. Der verläuft weitaus anstrengender als der Hinweg. Beide Dreikäsehochs möchten nun vom Buggy nichts mehr wissen. Da werden noch Blumen von der Wiese gepflückt, Steine vom Wegrand gesammelt, gesungen und Unfug getrieben. Es ist zu schön anzusehen, als das wir schimpfen könnten. So dauert es natürlich dreimal länger bis wir wieder am Auto stehen. Ein paar Ermahnungen musste es leider auch geben, da man ja auch im größten Übermut nun einmal leider nicht einfach auf die Straße rennen soll.
Wir verabschieden uns und fahren mit einer Stunde Verspätung nach Hause. Ich bin fix und fertig, aber glücklich. Vor allem, weil Ronja so einen schönen Tag hatte.

Der kleine Unterschied

Es fing alles damit an, dass ich abends in der Vorratskammer stand und - ich konnte es kaum fassen - auf keine der dort befindlichen Köstlichkeiten (Schokolade, Gummibärchen und dergleichen Leckeres) irgendwie Lust hatte. Unglaublich! Normalerweise kann ich es tatsächlich manchmal fast nicht aushalten, bis Ronja endlich im Bett liegt und ich mich über die Süßigkeitenvorräte hermachen kann. Ja, ich würde mich generell als süßigkeitensüchtig bezeichnen. Auf jeden Fall. Leider. Deshalb versuche ich ja auch mein Möglichstes, diese schlechte Essgewohnheit von meiner Tochter fernzuhalten und warte wenigstens bis sie davon nichts mitbekommt. Nun stand ich also da und hatte doch wirklich keinerlei Gelüste. Unverrichteter Dinge trabte ich also zurück ins Wohnzimmer und machte mich statt über eine Tafel Schokolade über den Wäscheberg her.
Das müsste so ungefähr in der 7. Schwangerschaftswoche gewesen sein.
Zum nächsten denkwürdigen Ereignis kam es ein paar Wochen später im Büro oder besser gesagt in der Kantine. Meine Kolleginnen hatten mich mal wieder zu einer Mittagspause überredet. Es gab Gemüsepfanne oder Gulasch. "Viermal Gemüsepfanne." gab Caro der wie immer schlecht gelaunten Ausgabedame an. "Ähm...ich glaub´, ich probier mal das Gulasch." Eigentlich konnte ich selbst kaum glauben, was ich da sagte. Gulasch? Seit wann, mag ich denn überhaupt Gulasch?

Und dann auch noch in der Kantine! Das ist doch viel zu riskant was durchwachsenes Fleisch angeht, von dem ich echt Kotzreiz bekomme..! Also was ist hier los? Irgendwie war mir doch tatsächlich beim Gedanken an so richtig viel Fleisch das Wasser im Mund zusammengelaufen. Komisch.

"Was vermuten Sie denn?"
Einige Tage später platze ich fast vor Neugier. Ich habe meine Frauenärztin förmlich angebettelt, sie solle mir unbedingt das Geschlecht meines kleinen Krümels verraten. Wie irgendjemand es aushalten kann, sich in dieser Frage bis zur Geburt zu gedulden beziehungsweise "überraschen" zu lassen, ist mir ein völliges Rätsel. Niemals käme das für mich in Frage. Als meine beste Freundin mit ihrem Sprößling schwanger war und dieser ein "Überraschungsei" bleiben sollte, war ich mehrmals in höchster Versuchung, ihren Frauenarzt zu kontaktieren. Nach dem Motto "Ja, die Frau Meier möchte das Geschlecht nicht wissen, aber mir sollen Sie es doch bitte mitteilen. Zwecks der Geschenkeplanung undsoweiter, Sie verstehen das doch sicher?" Naja, ich befürchtete leider auch, dass er eben gar nichts verstanden hätte.
Angesichts meiner beiden Erlebnisse jedenfalls wage ich, eine Vermutung zu äußern. "Ein Junge?"
Sie nickt und lacht. "Der junge Mann will aber auch ganz sicher gehen, dass wir es auch bloß nicht übersehen, dass da was zwischen den Beinchen ist."
Besonnen schaue ich auf den Ultraschallbildschirm. Okay, ich muss zugeben, so richtig viel habe ich da irgendwie noch nie erkennen können. Wenn meine Ärztin mir erklärt, hier sieht man dies und das und dort oben das Näschen und an der Seite die Füßchen oder so, dann schon. Immerhin. Wie in Trance denke ich über diese Offenbarung nach. Ein Junge. Ein Junge! Ein Junge? Ein Junge...
Ach schade, nun kann ich die ganzen süßen Strampler und Pullis und Schühchen von Ronja nicht wieder anziehen. O nein, werde ich so ein kleines Kerlchen überhaupt verstehen können? Was spielen denn Jungs überhaupt? Fußball. Autos. Wilde Sachen...Ein Grinsen breitet sich in mir aus. Langsam tritt es an die Oberfläche. Ein Junge!!! Ich freu mich total! Und wie das halt eben immer so bei mir ist...Die Tränen

kullern nur so vor sich hin. Wie schön, wie schön! Ein kleiner Rabauke. Ein Räuber. Ich darf wieder die Flohmärkte unsicher machen, schließlich habe ich eine Ausrede: wir brauchen jetzt Jungssachen. Nix mehr mit rosa und Schleifchen. Jetzt weht ein anderer Wind! Was für ein Spaß!
Noch auf der gesamten Heimfahrt sprudeln meine Gedanken förmlich über. Erst als Ronja mich zuhause mit ihren Kindergartengeschichten überfällt, in den Garten auf die Schaukel zieht und sofort ganz dringend mit mir etwas singen muss, werde ich jäh aus meinen Träumen gerissen.
Abends erzähle ich ihr von den Neuigkeiten. "Weißt du was, Ronja? Die Ärztin hat mir heute gesagt, dass du einen Bruder bekommen wirst. Du bist dann die große Schwester und er ist dein kleiner Bruder!" Da fängt sie an zu schmollen: "Oooch! Ich wollte aber der Bruder sein und das Baby ist die Schwester."
Soviel dazu.

Ringsuche

"Schatz, es ist soweit...wir müssen ins Krankenhaus."
"Meinst du wirklich? Vielleicht kommt es ja auch einfach so raus."
"Also ich weiß nicht...ist ja doch ein recht großes Teil."
"Zeig mal her, wie sehen denn die Ringe von den anderen Fischen aus?"
Hä? Ja, genau, hier geht es nicht etwa um eine anstehende Geburt. Meinem Mann und mir war spätestens seit dem Krabbelalter unseres Jüngsten - immerhin schon mit 6 Monaten - klar, dass dieser kleine Abenteurer uns früher oder später in die Notaufnahme führen wird. Mein ängstliches Mutterherz hofft nur jeden Tag, dass alles immer glimpflich für ihn enden wird. Bis jetzt - er ist gerade 10 Monate alt - ist nochmal alles gut gegangen. Von der fünften Treppenstufe konnte ich ihn schon diverse Male einfangen, die Ohrringe seiner Schwester noch aus dem Mund fischen und sämtliches Zeug, mit dem er sich selbst erschlagen wollte, gerade noch festhalten (dem da waren der Fernseher, ein Wäschekorb samt Inhalt, Tische, Stühle und und und).

Also was war diesmal passiert? Der kleine Merlin hatte sich unbemerkt einen Fisch von Ronjas Angelspiel geschnappt und solange daran rumgelutscht bis er den kleinen Metallring verschlucken konnte. Wunderbar. Dieser dämliche kleine Fisch hatte auf dem Wohnzimmertisch gelegen, nachdem er unter dem alten Sofa aufgetaucht war, das wir vor drei Tagen rausgeschmissen hatten. Warum war er nicht sogleich im Müll gelandet? Weil an mir halt doch ein kleiner Messie verloren gegangen ist und ich den Fisch ordnungsgemäß wieder im Spiel verstauen wollte. Warum hatte ich das nicht gleich getan? Natürlich weil dauernd was anderes war und der Fisch dann auch zwischen den Bindfäden für das Nähspiel, Ronjas Haarspange, der Kicker- und der Fernsehzeitschrift, diversen Aufklebern, dem Kuli, der Fernbedienung und der Barbiepuppe auf dem Tisch auch nicht weiter auffiel und sich sehr wohl zu fühlen schien. Tja. Eigentlich hatte ich auch nicht damit gerechnet, dass Merlin überhaupt da dran kommen könnte. Denkste. Zu spät.

"O.K., also was machen wir jetzt?"

Merlin schaut uns quietschfidel aus strahlenden Augen an. Dann krabbelt er vergnügt zur Pflanze um seine nächste Untat zu verrichten. Währenddessen bekommt Ronja über ein nicht zu bewerkstelligendes Puzzle einen Wutanfall und das Nudelwasser in der Küche kocht laut zischend über. Horst und ich hechten also von einem zum anderen und so geht das eigentlich weiter bis beide Zwerge zwei Stunden später im Bettchen liegen und selig schlafen. Äh, war da nicht was? Achja...Jetzt durchläuft es mich aber doch heiß und kalt. Mir wird ganz schlecht vor schlechtem Gewissen. Was sind wir nur für Rabeneltern? Hätten wir nicht sofort in die Klinik rasen müssen? Reumütig greife ich zum Telefon und lasse mich mit der Kinderklinik verbinden. Kleinlaut berichte ich von unserem Zwischenfall.

"Kommt der Ring wohl auf natürlichem Weg wieder raus oder sollen wir doch lieber mit dem Kleinen vorbeikommen?"

"Wann genau ist das Ganze denn passiert?"

"Vor etwa drei Stunden."

Kurze Pause, dann ein Räuspern. Schande über mein Haupt.

"Also, dann ist der Ring sowieso nicht mehr im Magen und wir können nichts machen. Sie müssen in den nächsten 3 bis 4 Tagen den Windelinhalt untersuchen. Falls Sie nicht fündig werden, müssen sie herkommen."
In dieser Nacht pennt der kleine Merlin seit langem mal wieder friedlich vor sich hin ohne auch nur einen Mucks zu machen. In meinem Bett dagegen herrscht die größte Aufruhr. Geplagt von Alpträumen und schlechtem Gewissen wälze ich mich bis zum Morgengrauen und kann es kaum abwarten, den ersten Stinker zu durchsuchen. Wie verrückt kann man sein. Leider kann ich genauso wenig darin finden wie in den drei weiteren Ladungen, die Merlin mir heute begeistert zur freien Verfügung stellt. Jedes Mal bin ich euphorisch und voller Tatendrang suche ich in der stinkigen Masse...um dann enttäuscht zu werden. Kein Ring weit und breit. Merlin ist besser drauf denn je und spielt fröhlich mit seiner Schwester "Du baust auf und ich zerstöre alles". Das Wissen, dieses Metallteil sitzt da irgendwo in meinem Baby drin- schrecklich! Bis abends bin ich mit den Nerven am Ende.
"Horst, wenn der Ring bis morgen früh nicht da ist, fahren wir in die Klinik. Noch zwei Tage kann ich so nicht weitermachen. Das halt ich nicht aus."
Eine weitere schlimme Nacht später liegt der Ring tatsächlich im ersten morgendlichen Geschäft meines Sohnes. "Juchuhhh!"

hallo liebe kathi,
vielen dank für deine lange mail! schön, dass ihr es euch so gut gehen lasst :) ach mensch, etnschuldige, dass ich in den letzten wochen und monaten kaum geschrieben und wir uns auch so selten gesehen haben. seit seiner geburt nimmt merlin mich einfach voll in beschlag. und ronja hatte das nachsehen...muss ja erstmal gelernt werden, die mama zu teilen. die jungstypischen dreimonatskolliken hat merlin glaub ich auch irgendwie auf mindestens fünf monate ausgedehnt ;) horst hat ja anfangs gefrotzelt, der kleine prinz tut nichts als pennen, pubsen, trinken und schreien...naja ist ja eigentlich halbswegs normal aber die umstellung für uns alle war doch ganz schon hart. hab dir das gar nicht erzählt, aber ich saß sogar einmal heulend

vor der nachsorge- hebamme und war so verzweifelt darüber, dass es für ronja so schwer war. natürlich konnte und kann ich mit ihr spielen, wenn merlin schläft, aber ich bin halt nicht mehr 24 stunden am tag nur für sie da. und sie ist doch so ein mama-kind. weißt du, was die hebamme sagte? sowas wie: `ja meine liebe, das ist aber genau das, was sie für ihr mäuschen wollten: dass sie *kein* verhätscheltes einzelkind wird. und jetzt müssen sie sich einfach sagen, dass sie daran wachsen wird.` das hat mir echt geholfen. nicht, dass ich damit sagen will, alle einzelkinder wären verwöhnt! nein, aber ganz sicher wäre ronja eine kleine verhätschelte prinzessin geworden, denn ich hab sie schon ganz schön in watte gepackt. und das geht jetzt eben nicht mehr und ist wohl glaub ich auch ganz gut so. inzwischen haben wir uns ja auch alle einigermaßen eingespielt und ich hab nicht mehr das gefühl ständig nur zu stillen, in den schlaf zu wiegen und zu wickeln. das geht jetzt alles ratzifatzi und danach hab ich zeit zum spielen und schmusen mit beiden. das genießen wir jetzt :) außerdem fangen ronja und merlin sogar an ganz ohne die mama miteinander zu spielen, und das über einige zeit. davon bin ich ja echt begeistert und überrascht. ist total süß die beiden zwerge dann heimlich zu beobachten wie sie um die wette krabbeln oder die spielkiste ausräumen :) oh, aber jetzt ruft mich doch mal wieder die pflicht: höre merlin übers babyphone quaken. gut, dass wenigstens seine schwester inzwischen wieder durchschläft.

also mach´s gut und bis bald, liebe grüße,

franzi

ps: achja, was ich eigentlich fragen wollte: wann habt ihr denn mal wieder zeit für ein treffen?

Spuckalarm

"Mamaaaa!"

"Jaaahaaaa?!?"

"Der Merlin hat in meine Barbiekiste gespuckt!"

"Viel?"

"Waaas?"

"Viiieeeehiel?"

"Jaaaahaa!"

Oh no! Ich lasse das Apfelschnipselmesser fallen und sprinte die Treppe hoch, um...ja um was eigentlich? Das schlimmste zu verhindern? Geht ja eh nicht mehr, schießt es mir durch den Kopf. Naja, jeder Gang macht schlank, gell, und vielleicht kann ich ja Merlin noch davon abhalten in die Kiste mitsamt der Soße hineinzusteigen. Erst einmal gucken, wieviel Soße es denn überhaupt ist. Es gibt ja einen Unterschied zwischen spucken und spucken. Soviel hat Ronja allerdings schon gelernt, dass bei Merlin mit "Spucken" nicht etwa so ein bisschen Rumgesabber gemeint ist. Meist landet eine große orangefarbene Lache auf dem Teppich, dem Sofa, Papas Pullover, Mamas Haaren oder dem gesamten kleinen Merlin. Denn so richtig lohnt sich das Spucken natürlich nur nach dem Mittagsbrei und der schmeckt natürlich nur, wenn auch Karotte drin ist.

Hier und heute haben wir es jedenfalls eindeutig mit einer recht großen Spuckmenge zu tun. Leider. Sämtliche Barbies, deren Klamotten, Schuhe und was sonst noch in der Kiste herumfliegt sind betroffen. Seufz.

O.K. Also alles in einen Kissenbezug packen und gleich in die Waschmaschine. Ach nein, da war ja noch was. Jetzt fällt mir wieder ein, dass mein Mann mir heute mal wieder ein große Freude bereiten wollte und seine Gartenklamotten in die Wäsche geschmissen hatte. Natürlich ohne die Bundfalte auszuleeren. Im Ergebnis befinden sich momentan leider der Wäschekorb, Haushaltsraum und Waschmaschine im unbenutzbaren Zustand, da überall - wirklich überall - Erde, Dreck und Rindenmulch herumfliegt. Das wollte ich eigentlich noch saugen. War mir wohl zwischen Morgenbrei machen, Kindergartenbrot schmieren, Geschirrspüler ausräumen und Ronja zum Kindergarten bringen, entfallen. Seufz. Jetzt steh ich da. Das Kissen verfärbt sich langsam orange und Merlin verteilt fröhlich kleine orangefarbene Handabdrücke in Ronjas Kinderzimmer. Die hat sich aber gottseidank beruhigt und

freut sich, dass jetzt alle Barbies einer eh dringend nötigen Grundreinigung unterzogen werden. "Mama, was kann ich machen?" Mein Kind will mir immer helfen. An sich ja eine tolle Sache. Nur manchmal schwierig, nicht völlig entnervt zu sagen: "Du hilfst mir am meisten, wenn du dich in die Ecke stellst und still bist." Wie frustrierend wäre das denn für das arme Ding? Ihre Motivation zu helfen darf ich mir natürlich auch auf gar keinen Fall kaputt machen. Irgendwann könnte das ja mal nützlich sein! Momentan überwiegt doch manchmal eher das Gegenteil, wenn Ronja mit mir die Tomaten schneidet oder ein Häufchen zusammen kehren will.
"Hol mir doch bitte den Lappen aus dem Bad." Erst einmal die Räubernasenbatscherchen abwischen. Da klingelt es an der Tür. Aus mir unerfindlichen Gründen lässt dieses simple Geräusch meine Tochter begeistert bis panisch werden, denn sie muss unbedingt SOFORT die Tür aufmachen und schauen, wer da ist. Völlig gaga rennt sie also zur Treppe und zerrt am Treppenschutzgitter als wäre sie seit Monaten ohne Wasser und Nahrung hinter Gittern. "Ich will aufmachen!!" brüllt sie hektisch. "Jaja." In der einen Hand das orange- triefende Kissen, auf dem anderen Arm Merlin schaffe ich es, das Gatter zu öffnen und mein Kind poltert die Stufen hinunter. Wenigstens das richtige Kind - das, welches schon laufen kann. Vor der Türe steht der Paketdienst. "Tach. Ich wollt´ schon wieder fahren, weil ja keiner aufgemacht hat." Also echt, wir haben höchstens 5 Minuten gebraucht! "Ja, es hat einen Moment gedauert." höre ich mich trotzdem entschuldigend sagen. Immer diese falsche Höflichkeit. Dann rausch doch ab, wenn du es so eilig hast, Blödmann! Schonmal mit zwei Zwergen allein daheim gewesen? Wohl nicht. Da hättest du wohl gar nicht aufgemacht. Grmpf! Der doofe Postfritze schaut mich noch reichlich abschätzig an, wie ich da stehe mit zerzausten Haaren, dem zerknüllten Etwas in der Hand und den beiden eingesauten Kindern. Am liebsten würde ich ja noch bemerken, dass ich sehr wohl hier alles im Griff habe, aber komm...ich spar es mir. Wortlos unterschreibe ich also die Paketannahme, wofür ich kurz den Kleinen absetzen muss. Als ich die Tür schließe und mich umdrehe ist er...natürlich weg. Das gibt es doch nicht! Wohin ist der kleine Abenteurer jetzt schon wieder unterwegs?

Zu der faszinierenden Unterschiedlichkeit meiner beiden Kinder will ich in einem anderen Kapitel mehr sagen. Hier nur ein grundsätzlicher Gegensatz: Während Ronja (die ja eigentlich Räubertochter sein sollte) der Welt stets vorsichtig und umsichtig gegenüber steht - was mir erst seit der Geburt unseres Sohnes so richtig klar geworden ist -, kennt ihr Brüderchen Merlin weder Grenzen noch Angst. Zudem oder auch aus diesem Grund hing und hängt Ronja immer gern an mir dran und folgt mir wie ein kleiner Schatten. Nicht so Merlin. Sobald er eine offene Tür entdeckt, ist er auch schon auf der Suche nach spannenden Erlebnissen krabbelnder Weise dahinter verschwunden. Bis jetzt stellt zumindest die Suche nach dem kleinen Merlin aber kein Problem dar: Eine Spur der Verwüstung zeigt mir meist zuverlässig, wohin die Neugier ihn getrieben hat. Da wurden die Krümelchen seines Brezelstücks verteilt, dort sind Schubladen ausgeräumt, hier zieht sich eine lange Spuckschlange bis ins nächste Zimmer...und...da hockt er ja und kaut seelenruhig an ein paar ausgerupften Seiten des Otto-Katalogs herum.
Also wo schlawinert er jetzt gerade herum? Ich finde ihn unter dem Hochstuhl, wo gerade die Reste vom Mittagessen beseitigt werden müssen. Lecker Nudelstückchen und klebrige Paprika. Jamjam. Wer braucht schon einen Hund, wenn man ein Kleinkind hat? Merlin jedenfalls vernichtet den Schmutz besser als jeder Staubsauger. Apropos Staubsauger - war da nicht was?

Gespenstergnocci

"Mamaaa, was gibt es heute zu essen"?
Mein armes Kind - es hat schon eine halbe Stunde nichts mehr zwischen die Zähne bekommen - ist offensichtlich kurz vor dem Verhungern und braucht dringend Nahrungsnachschub.
"Heute gibt es Gnocci."
"Sind das die Knödeldinger?"
"Ja, die sind so ähnlich wie die Knödel, nur in klein. Die Knödel sind quasi Monstergnocci" grinse ich.

"Juchuhh! Papaaaa, heute gibt es Gespenstergnocciiii!"
Wie schön, dass wenigstens die Mausemaus begeistert herumhüpft. Ihr kleiner Bruder lässt sich momentan nur mit seinem Milchfläschchen vom größten Gebrüll abhalten. Denn sobald ich die Küche betrete, wittert er die nächste Raubtierfütterung und fängt vehement an zu jammern und zu quaken. Das steigert sich dann leider innerhalb von Minuten ins Unermessliche und dann hilft nur entweder ganz schnell kochen oder schleunigst die Küche verlassen (falls Mama nur etwas trinken wollte) oder etwas Mampfbares in die kleinen Patscherhändchen drücken oder eben das Fläschchen. Nun sollte man meinen die Sauerei würde sich bei Letzterem in Grenzen halten. In diese Falle tappe ich auch immer wieder. Die Milchspur zieht sich dann aber leider einmal quer durch die Küche weiter in den Flur (nein, da war die große Schwester nicht zu finden) und hinein ins Wohnzimmer, wo sie in fein säuberliche Tropfen auf dem Teppich übergeht und mich frech eines Besseren belehrt. Ich kann mich nur damit trösten, dass ich wenigstens nicht (heute zum fünften Mal) den Staubsauger holen muss.
Eine halbe Stunde später sitzen alle am Tisch und freuen sich auf die so genannten Gespenstergnocci mit leckerer Gemüsesoße. Natürlich bin ich ungeheuer stolz darauf, meine Familie mit derart gesunder Kost zu verwöhnen. Meine Große isst auch zumindest einen Teil vom Gemüse und hat sich somit ihren Nachtisch gesichert. Bei Merlin sieht das leider anders aus. Erst einmal schreit er voller Panik, obwohl noch kein Mensch etwas auf dem Teller hat, und muss unbedingt der erste sein, der probieren darf. Dann verzieht er sein zuckersüßes Mündchen und schmeißt die Paprika auf den Boden. Die Karotte wird in Kleinteile zerlegt und schafft es leider auch nicht durch seine Qualitätskontrolle. Schade. Auch die Gnocci landen schön vermanscht auf den Fliesen. Horst versucht es mit und ohne Soße, im Ganzen oder zerkleinert, gibt ihm die Gnocci in die Hand oder auf dem Löffel. Alles nix. Die Ernährungsberaterin im Kindergarten hatte gesagt, wichtig wäre, es immer wieder anzubieten. Das tun wir. Aber er will nicht. Also essen wir erst einmal alle, während Merlin abwechselnd nörgelt, Essen herum schmeißt, versucht, den Tisch abzuräumen, versucht, aus dem Hochstuhl zu klettern, wieder quengelt, sein Fläschchen bekommt

und auch mal zwei Minuten Ruhe gibt. Die Schweinerei unter uns werde ich nachher in Augenschein nehmen. Jetzt gilt es, den Blick immer nach oben zu richten. Wobei ich die Sauerei von Ronja noch sehr gut kenne und in Erinnerung habe. Eines ihrer ersten Wörter war nicht umsonst "Reirei". Allerdings so "schnäckisch" war sie nicht.

Wortneuschöpfungen

Von allen harmlosen Sprachfehlern, die Kinder im Alter von 4 Jahren haben dürfen, ohne dass wir sie gleich zum Logopäden schleifen müssen, hat unsere Mausemaus sich eindeutig den schönsten herausgesucht: sie verdreht gerne die zusammengesetzten Wörter. Eigentlich sollten wir sie darin ja nicht auch noch unterstützen, aber die Wortkreationen sind einfach zu herrlich. Hinzu kommt, dass Ronja inzwischen über ein ausgeprägtes Selbstbewusstsein verfügt und mitunter vollkommen überzeugt ist, das richtige Wort zu benutzen. Im Elternratgeber heißt es liebevoll: "Kritisieren Sie ihr Kind nicht für die falsche Aussprache. Verbessern Sie es nicht, sondern wiederholen Sie den Satz Ihres Kindes, indem Sie das richtige Wort verwenden."

Ronja: "Mama, gibst du mir mal den Lappwaschen aus dem Schrank? Ich komme da nicht dran."

"Natürlich, mein Spatz, hier hast du den Waschlappen."

"Mama, das heißt aber Lappwaschen!"

"Nein, Mausemaus, das Ding nennt sich Waschlappen."

"Und warum?"

"Weil das nunmal so ist."

Und diese Konversation ist übrigens auch nur dann möglich, wenn ich nicht vorher schon lachen muss...

"Jetzt hab ich aber die dicken Faxe! Der Merlin hat schon wieder meinen Zauberstab unter das Sofa geschmissen." (Erstes unterdrücktes Glucksen meinerseits.)

"Mama, ich brauche die Lampentasche. Ich muss damit unter das Sofa leuchten."

Wer kann da noch an Spracherziehung denken?

Oder auch nicht schlecht:
"Mama, kannst du mir das Brötchen durcheinander schneiden? Ich mag das zusammenklappen."
Oder:
"Schau mal aus dem Fenster, Merlin, da ist alles schnugezeit!"
Oder:
"Wir brauchen den Saugstauber, der Merlin hat alles vollgebröselt."
Oder:
"Oh Mama, heute sitzen wir ja genau übergegen."
Manchmal brauche ich sogar eine Weile um zu begreifen, was Ronja mir überhaupt mitteilen will:
"Mama, ich brauche etwas zum Trinken, ich hab solchen Aufschluck."

Creme-Inferno

"Und denkst du an die Creme?!"
"Welche Creme?"
Eine durchaus berechtigte Frage von Horst, der sich gerade unseren Stinkepeter Merlin geschnappt hat und ihn naserümpfend zum Wickeltisch nach oben schleift. Fröhlich glucksend zieht Merlin ihm die Brille von der Nase.
"Na, die Po-Creme. Aber nicht die blaue, sondern die weiße mit grün!"
Ja, ich gebe zu, im Creme-Paradies unseres Herrn Sohnemanns den Überblick zu behalten verlangt einem einiges ab. Mit korrekten Bezeichnungen der verschiedenen Pasten brauche ich da gar nicht erst anzufangen. Die Überforderung für Horst liegt sowieso schon auf der Hand. Da er selbst nämlich keine einzige Creme an seine zarte Haut lässt, kennt er sich herzlich wenig aus. Obwohl ich diese Ausrede ja eigentlich auch hätte. Gerade 30 geworden sollte ich wohl mal ganz dringend mit dem Einschmieren von sämtlich Körperteilen anfangen, ganz zu schweigen von Gesicht, Hals und was frau sonst noch an Faltenbevölkerungsgebiet zu bieten hat. Dafür habe ich aber derzeit keinen Kopf und keine Zeit und es geht alles noch irgendwie, wenn

ich in den Spiegel schaue. In spätestens 5 Jahren werde ich es mit Sicherheit bitter bereuen, aber momentan habe ich selbst also auch keine Cremes in Gebrauch.
Für Ronja benötige ich im Sommer Tonnen von Sonnencreme und ganz Mädchen lässt sie sich auch mit Begeisterung alle 10 Minuten von Kopf bis Fuß einkleistern. Gut so, denn ihre schneeweiße Haut wäre andernfalls auch sehr schnell sehr rot und lieber gebe ich mir diesen nervigen Eincremestress, als das zu riskieren. Dafür braucht sie immerhin ansonsten keine Cremes mehr.
Ihr Brüderchen aber, der hebt den familieninternen Durchschnitt an unbedingt benötigten Cremes ungemein:
Da wäre natürlich zunächst mal ganz klassisch die Popo-Creme, auch genannt "Wundschutzcreme". Günstig im Drogeriemarkt zu erstehen, hält sie meist, was sie verspricht: sie schützt vor dem Wund werden im Windelbereich. Ja. Mehr aber auch nicht. Solange rund um den Pipimann alles in bester Ordnung ist, kann man diese Creme wunderbar verwenden. Oder gar keine Creme. Sobald aber eine leichte Rötung im Anmarsch ist, empfehle ich zwei etwas teurere Salben aus der Apotheke: Hamasana und Multilind. Eine davon wird genommen, wenn der Po nur wund ist. Kommt übrigens in den besten Familien vor. Die andere Salbe kommt zum Einsatz, sobald auch Pickelchen zu sehen sind. Helfen beide wunderbar. So.
Natürlich kann es schon allein schwierig werden, sich zu merken, welche der beiden Apotheken-Cremes jetzt für die Pickelchen war und welche nicht, aber das bekommt frau irgendwann dann schon auf die Reihe. Schließlich hat man ja sonst kaum etwas im Kopf.
Das wäre also eindeutig zu einfach, weshalb ich noch ein paar Cremes besorgt und in Merlins Körbchen neben dem Wickeltisch gelegt habe: Zahngel gegen die Schmerzen einschießender Zähnchen, Erkältungsbalsam, Gesichtslotion, Körperlotion, Gute-Nacht-Körperlotion.
Und diese Tuben sehen sich alle so verdammt ähnlich! Natürlich haben die Cremes alle unterschiedliche Namen und im Kleingedruckten steht auch, wofür sie verwendet werden sollten. Aber da es ja doch öfter mal schnell gehen muss, bin ich mir heute schon sicher: Es wird der Tag kommen, an dem ich sämtliches Schmierzeug

durcheinander schmeiße und dem armen Kerlchen die Pocreme auf die Zähnchen, den Erkältungsbalsam in den Windelbereich und die Apothekensalbe gegen die Pickelchen auf die Brust schmiere. Oh oh.

Lebensretterin

"Mamaaa, der Merlin steht auf einem Stuhl!"
"Mamaaa, der Merlin hat was im Mund!"
"Mamaaa, der Merlin klettert die Treppe rauf!"
"Mamaaa, das Treppengatter ist gar nicht zu!"
"Mamaaa, der Merlin spielt mit einer Tüte!"
"Mamaaa, der Merlin geht an die Steckdose!"
"Mamaaa, der Merlin hat ein Kabel in der Hand!"

Der große Unterschied

Wenn du ein Kind bekommst und ein halbes Jahr überlebt hast, könnte sich dir der Verdacht aufdrängen, du hättest jetzt voll die Ahnung vom Mama-sein. Vielleicht fängst du sogar an ein Buch zu schreiben. Vielleicht meinst du, dass du damit irgendjemandem helfen oder ihn zumindest unterhalten kannst. Ihm eine Vorstellung davon geben kannst, wie es ist, ein Kind zu haben (unter anderem).
Wenn dein zweites Kind unterwegs ist, ahnst du eventuell schon, dass du dich getäuscht haben könntest. Was die Ahnung angeht. Dein zweites Kind kommt auf die Welt und plötzlich fällt es dir wie Schuppen von den Augen: Irgendwie ist mit diesem Kind alles komplett anders! Du hast keine Ahnung von nix! Du musst wieder ganz von vorne anfangen und lernen, wie du mit diesem neuen Leben umzugehen hast.
So jedenfalls ist es mir ergangen.
Dies nur als kleine Vorwarnung.

Natürlich war mir klar, dass jeder Mensch anders ist und somit auch jedes Menschlein unterschiedlich. Aber bestimmte Gegebenheiten sind mir bei Ronja so selbstverständlich vorgekommen, dass ich einfach dachte, das wäre bei jedem Baby so. Oder ich habe einfach nicht darüber nachgedacht. Dann kam Merlin und ohne dass ich die beiden vergleichen wollte, musste ich es doch immer wieder tun, da die zwei einfach so unterschiedlich sind und das total faszinierend ist. Immerhin haben sie doch die gleichen Gene. Natürlich gibt es auch Gemeinsamkeiten. Wie viele Leute riefen schon begeistert: "Das ist ja ein und dasselbe Gesicht!" Nicht für mich. Ich habe sogar richtig Probleme dieses Kapitel zu schreiben, weil ich gar nicht weiß, wo ich mit den Unterschieden anfangen soll. Am besten wohl immer am Anfang...
Als Ronja geboren wurde, hatten wir beide über 30 Stunden Wehen hinter uns. Sie musste mit einer kleinen Saugglocke (einer sogenannten "Kiwi") herausgezogen werden. Und sie war wunderschön. Rosige Haut. Ganz zart. Sie blickte mich aus ihren blauen Augen an und ich hatte noch nie solche Schönheit gesehen. Obwohl ich fix und fertig war, gab ich meine kleines Bündel nie aus der Hand. Die ganze Nacht trug ich sie durch die Flure. Sie wollte immer wieder gestillt werden und ich ließ sie saugen bis meine Brustwarzen wund und entzündet waren. Wieso habe ich denn nicht mal versucht, ihr auch den Schnulli anzubieten? Irgendwie kam ich da wohl nicht drauf und dass meine Brustwarzen so wenig aushalten, darauf war ich auch nicht vorbereitet. "Beim zweiten Kind passiert dir das nicht!" dachte ich.
Merlins Geburt war im Gegensatz zu der seiner Schwester ein Kinderspiel. Nie wäre ich auf die Idee gekommen, dass frau es auch so "leicht" haben kann, ein Kind zur Welt zu bringen. Natürlich gab es auch bei seiner Geburt anstrengende Wehen, dramatische Phasen und Schmerzen. Aber es ging alles so schnell. Nur etwa 5 Stunden nach den ersten richtigen Wehen rutschte er schon aus mir heraus. Auch in Merlin war ich sofort verliebt. Ich streichelte seine flaumige Haut, als er mir auf die Brust gelegt wurde. Ich weiß nicht, warum ich später bei genauerer Betrachtung einfach völlig überrascht davon war, dass er so gar nicht wie seine Schwester aussah. Noch immer total verkrumpelt und voller Falten. Nicht mal die Öhrchen waren auseinander gefaltet, sodass ich schon befürchtete, das würde so bleiben. Ein ganz

anderes Gesicht. Die Nase anders. Der Mund anders. Das Kinn anders. Und die Haut war viel dunkler als bei Ronja. Also daran musste ich mich erst einmal gewöhnen. Heute habe ich eine Ahnung, warum ich so überrumpelt war: Merlin schlägt eher nach mir. Die Miniatur-Ausgabe von mir selbst zu betrachten, ist immer noch komisch.

Aber das Aussehen war nicht der einzige Unterschied. Im Gegensatz zu Ronja hatte Merlin kein großartiges Interesse am Saugen. Er nuckelte zwar auch gern mal herum und zu meiner großen Freude klappte das Stillen auch diesmal wieder. Aber noch viel lieber wollte der Neuankömmling einfach nur pennen. Die ganze Zeit. Machte er mal kurz die Äuglein auf, schaffte er es gerade so erst einmal ordentlich zu meckern, dann ein bisschen zu trinken, sein Geschäftchen zu erledigen und das war´s. Zum Wickeln hatte er dann meist schon keine große Lust mehr, sodass ich mir voll einen abkaspern musste, ihn rechtzeitig fertig zu haben, damit ich den kleinen Kreischli in den Schlaf wiegen konnte, bevor er grantig wurde. Das alles war einfach so anders. Obwohl ich ganz klar in der Schwangerschaft auf ein Kind gehofft hatte, das sich nicht immer an der untersten Grenze des durchschnittlichen Schlafbedarfs von Babys und Kleinkindern bewegte (ausgleichende Gerechtigkeit), warf es mich vollkommen aus der Bahn, dass der kleine Merlin so eine Pennkartoffel zu sein schien. Immer wieder beging ich den gleichen Fehler und bot ihm in den ersten Wochen sämtliche Bedürfnisbefriedigungen an (Stillen, Wickeln, Beschäftigung...) bis ich schlussendlich dahinter kam, dass er tatsächlich schon wieder schlafen wollte. Hätte er einfach so die Augen zugemacht und fertig, wäre das ja alles kein Problem gewesen. Aber das war uns dann eben doch nicht vergönnt.

An dieser Stelle muss ich aber kurz einwerfen, dass es diese Kinder wirklich gibt und nicht nur gerüchteweise. Ich habe selbst eines kennen gelernt. Neidvoll musste ich immer mal wieder mit ansehen, wie es einfach so einschlief und stundenlang selig träumte. Heute hat das Kerlchen sich allerdings zum wahren Rabauken gemausert und bereitet der Mama jede Menge graue Haare, indem es nicht hört, randaliert und Ärger macht. Soviel dazu.

Jedenfalls unser Merlin benötigte anfangs etwa fünfmal am Tag seine Einschlafhilfe in Form von Herumtragen, absoluter Ruhe und gedämmten Licht. Ein Kinderspiel wenn nebenbei noch eine Dreijährige höflichst um Bespaßung bittet. Tja, sie haben beide überlebt. Achja, und Horst und ich auch. Aber ich bilde mir nun nicht mehr ein, irgendetwas Allgemeines über Babys sagen zu können. Soviel habe ich gelernt. Ronja war alles andere als ein anstrengendes Baby. Gut, sie war auch allein und wir haben praktisch alles nach ihr und ihren Bedürfnissen ausgerichtet. Trotzdem. Obwohl sie verhältnismäßig wenig geschlafen und mich nachts oft bis zu 6mal aus dem Bett gejagt hat, war ich immer glücklich über mein liebes Mädchen. Schon in der Schwangerschaft mit Merlin habe ich manchmal gefrotzelt: "Hoffentlich bekomme ich nach meinem Engel jetzt kein kleines Teufelchen." Ganz so schlimm ist es nicht gekommen. Merlin ist genauso lieb wie seine Schwester. Aber er hatte es eben von Anfang an schwerer. Um 9 Uhr mussten wir im Kindergarten sein, ob er jetzt in diesem Moment Hunger hatte oder nicht. Ob er Bock auf Anziehen hatte oder nicht. Ob er rausgehen wollte oder nicht. Die Umstände waren also nicht immer auf seiner Seite, er ließ sich aber auch in keinster Weise helfen. Liebend gern hätte ich ihn kurz vor Abflug noch einmal an die Brust gelegt, aber da war nix zu wollen. Wenn der Herr um 9 Uhr trinken mochte, dann verweigerte er um 8.45 Uhr jegliche Nahrungsaufnahme.
Zudem hatten wir unsere liebe Mühe, den kleinen Merlin an den Kinderwagen zu gewöhnen. So manch ein Baby lässt sich in den Kinderwagen legen und los geht die wilde Fahrt. So auch Ronja. Nicht so Merlin. Unseren ersten Ausflug werde ich nie vergessen: Wir kamen genau bis zum Nachbarhaus, dann mussten wir kapitulieren, da unser Kreischli die Situation als untragbar anzusehen schien.
Auch wenn ich in Ronjas erstem Lebensjahr eventuell einige bleibenden Rückenschäden davongetragen habe, so wusste ich doch immer wie ich mir beziehungsweise ihr jederzeit helfen konnte: Sie wollte ständig getragen werden. Wie ein kleines Äffchen fühlte sie sich ganz nah an meinem Herzen einfach am wohlsten. Und ich habe es genossen.
Und ich habe gedacht, alle Babys möchten einfach gerne so getragen werden.

Pustekuchen.
Wenn Merlin weinen wollte, dann weinte er. Oft litt der arme kleine Wurm wohl an Bauchschmerzen und ich tat alles um ihm zu helfen: Kirschkernkissen, Fencheltee, Fliegergriff, Wärmflasche ... und eben tragen. Nichts half. Erst nach einiger Zeit konnte ich ihn an die Trage gewöhnen und richtig Freund wurde er nie damit. Aber so manches Mal konnte ich ihn darin zum Einschlafen bringen. Immerhin.
Abends machte Merlin es mir schon nach einigen Monaten sehr viel leichter als seine große Schwester. Und auch davon war ich mal wieder einigermaßen überrumpelt. In meiner Naivität hatte ich angenommen, alle Kinder finden nur im Beisein eines Elternteils in den Schlaf. Ronja durfte genau wie Merlin das erste halbe Lebensjahr komplett im Elternbett verbringen. Das war auch für mich und das nächtliche Stillen einfach praktischer. Danach wurden beide im Schlafzimmer ins eigene Bettchen ausquartiert und kamen auch wunderbar damit zurecht. Ronja jedoch bedurfte vor dem Einschlafen einiger Zuwendung. Da musste getragen und gesungen, gestreichelt und besänftigt werden. Ein Aus-dem-Zimmer-gehen wäre ein Ding der Unmöglichkeit gewesen. Und diese Phase hielt bei ihr lange, sehr lange an. Mit einem Jahr bekam die Mausemaus ihr eigenes Zimmer und schlief auch dort. Bis wir es schafften, dass sie alleine (mit Licht und Musik) in den Schlaf fand, war Ronja allerdings schon fast drei Jahre alt. In dieser Beziehung durften wir bei Merlin freudig überrascht sein. Schon mit knapp 8 Monaten wollte er nur noch ein Wasserfläschchen gereicht bekommen. Dann drehte er sich um und schloss die Augen. Ich wertete das als ein "Du bist entlassen" und ging aus dem Zimmer. 10 Minuten später schlich ich zurück und nahm ihm die Flasche ab. Dieses Glück konnte ich lange Zeit gar nicht fassen.
Weniger begeisterte mich aber die Tatsache, dass Merlin sich auch in diesem Alter spontan gegen den Schnulli entschied. Von einem Tag auf den anderen wurde dieser schlichtweg verweigert, ausgespuckt, ignoriert. Beruhigen ließ er sich ab sofort nur noch mit seinem heißgeliebten Fläschchen. Glücklicherweise musste dieses nur mit Wasser gefüllt sein. Trotzdem wusste ich, dass auch ständiges Wassernuckeln

schlecht für die Zähnchen ist. Man kann also das Baby nicht so leichtfertig mit dem Fläschchen beruhigen wie mit dem Schnuller. Leider.
Ronja hatte sich in dieser Hinsicht eindeutig den leichteren Weg ausgesucht. Ob bei der Autofahrt, wenn sie sich weh getan hatte, einfach nur quengelig war oder zum Einschlafen: der Schnulli durfte bei ihr im ersten Lebensjahr nie fehlen. Ein gutes weiteres Jahr war der Schnulli noch in der Nacht ihr Freund und Begleiter. Ihn abzugewöhnen ging relativ problemlos.
Spätestens jetzt wurde mir klar, wie wenig wir doch auf solche Eigenarten der Kinder Einfluss nehmen. Ob sie alleine einschlafen, den Kinderwagen mögen oder einen Schnulli nehmen. Die Babys bestimmen doch viel mehr selbst als ich dachte. Man kann vielleicht versuchen, in eine bestimmte Richtung zu lenken oder an bestimmte Dinge zu gewöhnen, letztendlich aber scheint vieles schon "vorprogrammiert" zu sein. Einerseits erleichtert mich dieser Gedanke. Es macht die ganze Sache auch spannender. Und heute beobachte ich mit Neugier und Freude, wie die Unterschiede und Gemeinsamkeiten unserer beiden Zwerge sich entwickeln. Dass es so früh seinen Anfang nimmt, hätte ich nur nicht gedacht.
Viele Unterschiede, die mir auffallen, scheinen geschlechtstypisch zu sein. Sobald Merlin etwas greifen konnte, war er von allem fasziniert, das irgendwie geartete Räder besaß. Derzeit steckt er gern Dinge irgendwo hinein und baut gern. Am liebsten schmeißt er Sachen durch die Gegend oder krabbelt um die Wette. Ronja mochte in diesem Alter (zwischen 6 und 12 Monaten) vor allem Tücher mit Mustern, Bücher und Gesichter. Auch sie war gerne wild, aber doch auf eine sanftere Art und Weise. Kann schon sein, dass Mädchen und Jungs sich oft in dieser Weise unterscheiden. Vielleicht ist es aber auch Zufall. Außerdem gibt es auch unheimlich viele Spielsachen und Spiele, die beide gerne mögen.
Ein weiterer Gegensatz, der mich einigermaßen überraschte, war zum Beispiel auch die Freude beziehungsweise der Unmut über das Nackigsein. Ronja konnte als Baby bis zu 30 Minuten fröhlich glucksend ohne weitere Beschäftigung irgendwo herumliegen, wenn sie nur nichts anhatte. Zwar pieselte sie auch gern mal zwischendurch, aber bei Mädchen ist das ja bei entsprechender Vorbereitung mit

einem Handtuch drunter kein Problem. Nicht so Merlin. Von Entspannung auf dem Wickeltisch keine Spur. Sobald ein zartes Lüftchen an die nackige Haut des Herrn Sohnemanns hauchte, war das Geschrei riesengroß. Schnell schnell den frischen Body anziehen, schnell schnell den Pullover drüber, schnell schnell den Strampler an. So ging das bei ihm. Es war eben einfach etwas anderes.
Dafür mussten wir bei Merlin nicht stets darauf achten, dass er genügend Ruhe und Zeit hatte um von seinem Mist zu kommen. Egal wo, egal wann, egal wie, da wurde in die Windel gerattert, ob das jetzt ein passender Zeitpunkt war oder nicht. Auf dem Spielplatz, auf dem Volksfest, im Auto, beim Spielen. Ich fand das sehr angenehm, da ich bei Ronja einige Dramen dazu mitgemacht hatte. Eigentlich sobald wir abgestillt hatten, litt sie unter regelmäßiger Verstopfung. Bis heute trinkt sie einfach viel zu wenig, obwohl ich sie ständig dazu anhalte. Mitunter war es dann zu ihrer Babyzeit so, dass Horst und ich mit ihr daheim blieben, statt auszugehen, weil sie ihr Geschäft noch nicht verrichtet hatte. Das ging nämlich nur in aller Ruhe daheim auf dem Sofa und unter Betrachtung von Kissen mit Mustern. Aus diesem Grund hat es mich auch nie weiter gestört, Merlin hinter dem Karussell im Kinderwagen oder im Kofferraum oder sonstwo zu wickeln. Ich war einfach froh, dass er ohne Theater den Stinker in die Windel gesetzt hatte.
Weniger angenehm überrascht war ich wiederum von der vielen Spuckerei des kleinen Merlin. "Jungs spucken mehr" heißt es ja immer so schön. In unserem Fall kann ich das also nur bestätigen. Für Ronja hatte ich so wenige Spucktücher benötigt, dass ich in der Schwangerschaft mit Merlin beim Stöbern in den alten Babysachen zwei originalverpackte Moltontücher fand. Merlin hingegen hatte einen solchen Verschleiß an den Teilen, dass ich ganze Wagenladungen gebraucht hätte. Damit konnte doch kein Mensch rechnen. Merlin spuckte immer. Nach jeder Mahlzeit, noch dreimal hinterher, dann noch einmal einfach so, natürlich auch sobald man ihn hochhob, auf dem Bauch liegend ohnehin. Einfach immer. Zu Stillzeiten schon unangenehm genug, sollte das ganze Elend sich aber auch noch ins Unerträgliche steigern als Merlin anfing Brei zu mampfen. Mit Milchbrei und Obstbrei war die Sauerei nicht wesentlich schlimmer als zuvor (es wird jawohl keiner glauben, dass

der kleine Racker mit dem Spucken einfach so aufhörte?). Zu meinem großen Leidwesen nämlich stand Merlin ganz besonders auf jeglichen Brei in der Farbe orange. Karotte, klar. Und eben diese Farbe fand sich dann auch auf sämtlichen Teppichen, Polstern, Spielsachen, Kuscheltieren, Klamotten...wieder. Herrlich kann ich da nur sagen. Was bin ich froh, dass diese Phase überstanden ist. Und wir mussten uns nicht etwa in den Bankrott stürzen und alles neu kaufen. Nicht mit mir. Aus Erfahrung wird man klug. Es brauchte nicht viele Versuchsanordnungen um herauszufinden, wie orange- farbene Flecken zu entfernen sind: Was in die Waschmaschine passt, wird ganz normal in diese hinein gesteckt und danach unbedingt in der Sonne getrocknet. Die brutzelt dann die bösen Flecken einfach raus. Und selbst bei Teppichen und Polstern reicht eine einfach Behandlung mit Spüli und Schrubblappen. Nach ein paar Tagen hat die durch das Fenster scheinende Sonne den Rest erledigt. DAS ist dann herrlich - oh ja!

Zum Thema Essen fällt mir dann noch gleich eine weitere Unterscheidung meiner beiden Zwerge ein. In Sachen Essmanieren gab es keine besonderen Eigenheiten: Beide haben gemanscht, gebröselt, zerlegt, herumgeworfen, zusammengedrückt, fein säuberlich verteilt und verschüttet was das Zeug hält. Vielleicht mit dem einen Unterschied, dass Merlin oftmals so aussah, als ob er das Brot und den Käse noch neanderthaltermäßig "erlegen" müsste, wenn er mit aller Kraft darauf herumschlug. Der Größte Gegensatz zu seiner Schwester bestand aber darin, dass Ronja zumindest am Anfang so gut wie alles zu sich nahm, was wir ihr anboten. Von Vollkornbrot, über Käse, Wurst, Obst, Nudeln, aber eben auch sämtliche Gemüsesorten. Zwar habe ich schon oft von schnäckischen Kindern gehört, bin aber naiver Weise davon ausgegangen, dass solche Nahrungsverweigerungen frühestens im Kleinkindalter auftreten. Merlin belehrte mich eines besseren. Beschweren möchte ich mich nicht. Immerhin haben wir das Glück, dass beide Kinder sehr gerne Obst essen. Und damit meine ich jede Obstsorte. Auch Brot vertilgte Merlin wie Ronja in allen Variationen. Zwar hatte er keine Knäckebrotphase wie Ronja, als die etwa ein Jahr alt war, aber das braucht man ja nicht. An die Milchflasche musste er kurzzeitig gewöhnt werden, derzeit trinkt er sie aber dafür umso lieber. Ja und dann verließen sie ihn. Alles

andere betrachtet der kleine Mann nämlich nur als Spielzeug, Wurfgeschoss oder vielleicht auch Dekoration. Kartoffeln, Nudeln und Reis werden nur kurz vor dem Verhungern mit spitzen Fingern in den Mund gesteckt. Gemüse kommt überhaupt nicht in Frage. So schnell werde ich aber nicht aufgeben. Mit Engelsgeduld - oder auch einfach mit meiner ganzen puren Sturheit - werde ich dem kleinen Mann auch weiterhin jeden Tag unsere gesunde Kost anbieten. Vielleicht kommt er ja noch auf den Geschmack.
Seltsamerweise gehörte Merlin immerhin auch zu den Babys, die alles, was sie in die kleinen Fingerchen bekommen, in den Mund stecken und genüsslich darauf herumkauen. Steine, Blätter, Stöckchen, Sand...scheint im Babyalter alles besser zu schmecken als Broccoli und Blumenkohl. Jedenfalls beharrte Merlin lange Zeit auf dieser Meinung. Von seiner Schwester hatte ich damit keinerlei Erfahrung. Die konnte auf dem Spielplatz, im Park und im Wald bedenkenlos herumkrabbeln: Sie hätte nichts in den Mund gesteckt. Auch in der Wohnung mussten wir bei Ronja kaum darauf achten, dass nichts in ihrer Reichweite lag, das sie hätte verschlucken können. Zu ihrer Zeit wäre da allerdings ohnehin nicht viel zum Wegräumen gewesen. Zu Merlins Zeit natürlich umso mehr: Perlen, Haarspängchen, Barbieschuhe, Überraschungseierspielzeuge, Ketten, Ringe, Steckspiele...Ronjas Ansammlung an Kleinteilen erschien mir unendlich und kaum unter Kontrolle zu halten. Meine Erleichterung war riesig, als Merlins "orale Phase" im Alter von etwa 10 Monaten endlich zu Ende ging.
In einer anderen Hinsicht hatte wir es aber dafür wiederum bei Merlin um einiges einfacher als mit Ronja, auch wenn es uns eben damals gar nicht so auffiel, weil eben der Vergleich fehlte. Ich erinnere mich dennoch nur zu gut an ihre Geräuschempfindlichkeit. Und die war eindeutig angeboren. Von Anfang an erschreckte sich unser erstes Kind vor der kleinsten Kleinigkeit. Wenn ich niesen musste, fing Ronja an zu weinen. Also unterdrückte ich das Niesen. Wenn ich die Nase putzte, schrie sie. Also zögerte ich es bis zum letzten Moment heraus oder ging schnell in ein anderes Zimmer. Wenn ich eine neue Plastiktüte ausschütteln wollte, um sie in den Mülleimer zu stecken, flippte Ronja fast aus und war kaum mehr zu

beruhigen. Auch das konnte also nur heimlich geschehen. Wenn die Wohnung gesaugt werden musste, hatte Horst das zu erledigen, während ich Ronja auf dem Arm trug und sie ablenkte. Selbst vor einigen Spielzeugen hatte sie Angst. Das waren nur einige Beispiele. Und das ging sehr lange so. Noch heute ist Ronja einfach sehr schreckhaft. Vor ein paar Wochen erzählte Horst mir, dass er kurz etwas bohren musste, als ich nicht zu Hause war: "Ein Kind ist kreischend davon gerannt, das andere kam juchzend angekrabbelt." Merlin kann nichts schocken. Kein Baulärm, kein Mixer, kein Föhn, kein gar nichts.

Merlin ist sowieso der Abenteurer von den beiden. Wiederum erst im Nachhinein fällt mir auf, wie vorsichtig und umsichtig Ronja im Gegensatz zu ihm schon immer war und heute noch bleibt. Nie wäre sie auf die Idee gekommen, sich auf einen Stuhl zu stellen oder gar auf das Bobbycar. Niemals wäre Ronja die Treppe hinaufgekrabbelt oder unter dieselbe gekrochen. Sie hätte sich weder in einen Schrank gesetzt und die Tür geschlossen, noch am Wäscheständer gezerrt bis er mitsamt der drei Tonnen Wäsche umfällt. Merlin muss überall alles erkunden. Er spaziert einfach in andere Räume oder ums Eck und verlässt sich darauf, dass wir schon nachkommen oder ihn holen oder er zurück findet. Ronja würde das bist heute nicht tun.

Dass mich die Unterschiede zwischen Ronja und Merlin einmal so faszinieren würden, hätte ich nicht gedacht. Den Vergleich zu scheuen, habe ich jedenfalls ganz schnell aufgegeben. Warum sollte ich die Gegensätze nicht betrachten dürfen? Wahrscheinlich habe ich angenommen, dass ich kein Kind so lieben könnte wie Ronja, es sei denn, es wäre genauso wie sie. Natürlich war das totaler Quatsch. Aber dass man zwei Menschen abgöttisch lieben kann, die noch dazu sehr unterschiedlich sind, weiß man wohl erst beim zweiten Kind.

Flohmärkte aus Überzeugung

Ja, ich bin eine bekennende Flohmarktanhängerin. Ja, an unserer Pinnwand hängt sowohl im Früh-, als auch im Spätjahr eine Liste, wann wo welcher Flohmarkt

stattfindet. Ja, es kommt auch mal vor, dass ich an einem Tag auf drei verschiedene Kinderkleiderbasare renne. Ja, ich gehöre sogar zu der Fraktion, die sich 5 Minuten vor Verkaufsbeginn vor dem Eingang abladen lässt (Horst muss dann einen Parkplatz finden). Ja, sobald der Flohmarkt öffnet, stürme ich die Bude und wühle was das Zeug hält. Mir macht das Spaß. Dazu stehe ich. Schnäppchenjagd muss sein! Und wo geht das besser als auf dem Kinderkleider- und Spielzeugbasar? Nirgends. Eben. Da bekomme ich für Ronja mal eben fünf Pullis für das gleiche Geld, das ich im Laden für einen einzigen Pullover ausgeben müsste. Ein Strampler ein Euro! Wer kann denn da noch widerstehen?
Und wer jetzt glaubt, die Kleiderschränke meiner Kinder wären gefüllt mit verblichenen oder gar fleckigen Sachen, der irrt sich gewaltig. Wie lange tragen denn die Kinder ihre Klamotten, bevor sie schon wieder herausgewachsen sind? Eben. Und heutzutage gibt es wunderbare Waschmittel. Natürlich haben wir auch Jeans, die nur noch für den Spielplatz taugen, aber im Großen und Ganzen kaufe ich nur wirklich gut erhaltenen Sachen. Und davon gibt es jede Menge. Man muss nur schnell sein. Und zielsicher. Als erstes setze ich grundsätzlich die Nase ein. Riecht ein Stand nicht angenehm, gehe ich gleich weiter. Raucher haben sowieso verloren. Aber auch Katzengeruch oder eben undefinierbar unangenehme Gerüche schrecken mich ab. So. Dann erfolgt selbstverständlich die Sichtkontrolle. Die Kleidung wird genau unter die Lupe genommen. Ausgewaschene Sachen, die offensichtlich drei Geschwisterkinder schon anhatten, erkennt man meist schon von Weitem. Bei Flecken wird es schon schwieriger. Die meisten Basare finden nicht draußen statt und so kann man sich im schummrigen Licht leicht täuschen lassen. Ein bisschen Übung braucht es also schon. Es gilt, die Klamotten richtig ins Licht zu halten und sich auch nicht zu scheuen, von allen Seiten und genau hinzuschauen. Nach meiner Erfahrung hat ein Stand aber sehr oft entweder nur saubere Sachen oder durchweg fleckiges Zeug. Natürlich gibt es Ausnahmen. Bisher wurde ich aber fast noch nie enttäuscht. Im Gegenteil: Meine Stimmung nach so einem Flohmarktrausch ist stets prächtig. Mit vollen Tüten kehren wir heim und ich präsentiere meiner Familie die Beute. Achja, Horst und die Kinder hatten natürlich auch ihren Spaß: Sie durften sich in der Zeit, in der ich shoppen gehe,

den Bauch mit Kuchen und Muffins voll schlagen. Das ist nämlich noch ein netter Effekt der Kinderkleiderbasare: Keine nörgelnden Kleinkinder oder genervte Männer, da alle schön mit Leckereien versorgt werden. Manchmal bieten die Organisatoren der Basare zu Ronjas großer Freude sogar Kinderschminken an.

Alles in allem einfach eine tolle Sache, wie ich finde.

Und obwohl ich zugeben muss, dass ich das ein oder andere Mal schon zu unnötigen Käufen verleitet wurde (einfach weil es so günstig ist), besitzen Ronja und Merlin selbstverständlich auch einige neu erworbenen Sachen. Mit dem Endergebnis, dass die Schränke überquellen und unser Haus vor lauter Spielzeug aus allen Nähten platzt. Aber: Die Freude bei der täglichen Kleiderwahl für die Kinder genieße ich in vollen Zügen. Ich ziehen ihnen einfach gerne etwas Hübsches an. Außerdem können wir ganze Regenwochen daheim verbringen, ohne dass es bei uns langweilig werden würde.

Trotzdem sind Flohmärkte nicht jedermanns Ding. Das verstehe ich auch. Nicht jeder möchte sich durch das Gewühl schlagen. Manch einer hat vielleicht sogar hygienische Bedenken. Das finde ich aber übertrieben. Und übrigens ist gerade für Babys gebrauchte Kleidung besser als neue: Dadurch, dass sie schon mehrmals gewaschen wurde, sinkt das Risiko für allergie-auslösende Stoffe. Nun könnte man natürlich auch einfach in diversen Internetbörsen gebrauchte Klamotten ersteigern oder kaufen. Ich persönlich finde aber, dass die Qualitätskontrolle hierbei viel schwieriger ist und die Preise höher sind, allein durch die Versandkosten. Aber das muss ja jeder selbst wissen. Ich gönne mir halt den Spaß und spare ganz nebenbei noch Geld.

In der Krabbelgruppe

"Sagt mal, wo habt ihr eigentlich die ersten Schuhe für eure Kleinen gekauft?"

"Also ich habe die von meiner Schwester aus den USA einfliegen lassen. Die fand ich am besten."

"Die Elefantenschuhe bei Deichmann sind aber auch nicht schlecht."

"Ja schon, aber ist denn da auch gut ausgebildetes Personal, das dir wegen der richtigen Schuhgröße weiterhilft?"
"Also, in der Hubertstraße hat ein neues Schuhgeschäft aufgemacht. Die machen dir sogar einen Schuhplan für die Kleinen."
Äh...wo bin ich denn bitte hier gelandet? Seit die zwei neuen Mamas in die Krabbelgruppe eingetreten sind, fühle ich mich nicht mehr ganz so wohl wie vorher. Soll ich jetzt einfach mal erwähnen, dass unsere Schuhe vom Flohmarkt sind? Dass ich sie einfach anprobiert und dann gekauft habe? Dass ich mich da riskanterweise ganz einfach auf mich und mein mütterliches Urteilsvermögen verlassen habe? Soll ich noch ganz frech hinzufügen, dass mein Goldschatz übrigens sowieso der einzige hier in der Runde ist, der überhaupt schon laufen kann? Ach komm, ich verzichte. Eigentlich finde ich ja schon, dass solch ein Beitrag in der Diskussion dringend nötig wäre. Habe aber auch keine Lust, dass die mich alle mit großen Augen anschauen, als wäre ich von einem anderen Planeten.
Eine Woche später kann ich dann aber doch nicht an mich halten...
"Sagt mal, findet ihr nicht, dass wir uns anschauen sollten, mit welchen Spielzeugen die Kinder gespielt haben und diese dann mit nach Hause nehmen und waschen sollten?"
"Du meinst, weil die Kleinen alles ansabbern?"
"Ja, eben wegen der Ansteckungsgefahr..."
"Oder jeder bringt sein eigenes Spielzeug von daheim mit."
Ich: "Also, Mädels, ich hole euch nur ungern auf den Boden der Tatsachen zurück, aber ihr werdet euch damit abfinden müssen, dass eure Kinder früher oder später mit Bakterien in Berührung kommen. Falls ihr das verhindern wollt, müsst ihr daheim bleiben. Und zwar nicht nur von der Krabbelgruppe, sondern von allen öffentlichen Veranstaltungen. Das ist doch total übertrieben. Wir können doch nicht verhindern, dass die Kleinen die Spielzeuge auch untereinander austauschen. Oder sich gegenseitig anfassen. Die Spielsachen werden alle drei Monate durchgewaschen und fertig ist."

Da ich mit dieser Meinung nicht alleine dastehen, lassen die Damen sich schließlich überzeugen. Einen bitteren Nachgeschmack hat die ganze Sache für mich trotzdem. Passe ich in diese Gruppe noch so gut hinein? Dann müsste ich immerhin nicht mehr ganz so traurig darüber sein, dass ich mich ohnehin bald verabschieden muss. In ein paar Wochen geht die Eingewöhnung von Merlin in der Krippe los. Vier Wochen später muss ich wieder arbeiten. Meine Vorfreude hält sich in Grenzen. Ich habe überhaupt keinen Bock. Am liebsten würde ich weiterhin mit Merlin daheim bleiben, Ronja so oft es geht um 12 Uhr vom Kindergarten abholen und die Zeit mit meinen beiden Schätzen genießen. Seufz. Das Leben ist kein Ponyhof. Und auch kein Gesangsverein.

Alle guten Dinge sind drei

Wie gebannt starre ich auf den Teststreifen. Obwohl ich erst einen Tag überfällig bin, fühle ich mich der Sache irgendwie so sicher. Meine Periode kommt normalerweise auch immer pünktlich auf die Minute. Trotzdem. Kann sich ja immer mal etwas verschieben. Och Mensch, jetzt mach schon. Ich weiß doch, dass du positiv bist. Auch wenn ich es eigentlich doch nicht fassen könnte. So schnell? Nach nur einem Übungszyklus? Nee, oder? Gerade möchte ich doch an meiner weiblichen Intuition zweifeln, da sehe ich einen Hauch von einem Strich. Seit ich das Ding in den Becher getaucht habe, sind ja nun auch exakt drei Minuten vergangen. Hm. Also zählt das jetzt? Ist das überhaupt ein Strich? Oder bilde ich mir das am Ende nur ein? Blöd nur, das Horst gerade zur Frühschicht aufgebrochen ist und ich um 5 Uhr morgens niemand anderen mit dieser Frage belästigen will. Mal abgesehen davon, dass wir es dieses Mal möglichst lange für uns behalten wollten. Das kleine Geheimnis. Ja, gibt es denn jetzt ein Geheimnis oder nicht? Ich werde hier noch wahnsinnig. Also der Strich wird nicht deutlicher. Aber er verschwindet auch nicht. Ich wage ein kleines bisschen Freude. Ich bin schwanger! Echt jetzt? Wow! Ich bin schwanger!

Mecker-Mama

"Zieh deine Hausschuhe an!"

"Ronja, hör jetzt endlich auf zu spielen und zieh dich an!"

"Trödel nicht so rum!"

"Hau nicht soviel Zahnpasta auf die Bürste!"

"Trink den ganzen Becher aus!"

"Mach die CD leiser!"

"Du hast die Schuhe verkehrt herum an, zieh sie noch einmal richtig an. Aber fix jetzt!"

All diese Sätze kann ich in einem ruhigen, geduldigen Ton sagen. Sie lassen sich auch gerne dreimal wiederholen. Spätestens dann ist aber Schluss mit lustig und mein Ton fällt von grantig bis schrill aus. Natürlich versuche ich das weitestgehend zu vermeiden. Denn ich denke, das ist alles noch kein Grund zum Schimpfen. Immerhin schlagen meine Kinder nicht, sie gehorchen im Normalfall und sind lieb zueinander. Trotzdem treiben sie mich manchmal zur Weißglut. Natürlich kommt es auch immer darauf an, wie meine eigene Verfassung aussieht. Ob ich zum Beispiel genug Schlaf bekommen habe, kann ein entscheidender Faktor werden, wenn es darum geht, Ruhe zu bewahren. Ich möchte nicht genervt oder gestresst sein. Es ist auch schon vorgekommen, dass ich mich bei meinen Kindern entschuldigt habe, wenn ich merke, dass meine miese Laune zu Schimpftiraden geführt hat, die nicht hätten sein müssen. Aber manchmal kann man nicht anders...

"Ronja, renn nicht mit den dreckigen Schuhen ins Haus!"

"Wasch dir die Hände, anstatt sie überall hin zu schmieren!"

"Merlin, was hast du denn da wieder für eine Sauerei veranstaltet?!"

"Hampel nicht am Tisch herum!"

"Seid nicht so wild miteinander!"

"Hallo? Geht das auch ´ne Spur leiser?!"

"Auf dem Sofa wird nicht getobt!"

"Popel nicht in der Nase!"

"Lass deiner Schwester das Spielzeug!"

"Lass deinem Bruder das Spielzeug!"

"Finger weg vom Fernseher!"

"Antreten zum Saustall aufräumen!"

Schlaflos

4.33 Uhr. Ich kann nicht schlafen. Boah, ich könnte mich echt aufregen! Jetzt schlaf halt endlich ein! Das gibt´s doch nicht! Weder Ronja ruft nach mir (weil die Decke aus dem Bett gefallen, der Teddy verschwunden oder leider mal wieder etwas in die Windel gegangen ist), noch Merlin lässt etwas von sich hören. Das muss ich doch sofort ausnutzen! Augen zu und gepennt jetzt. Mach schon! Horst schnarcht selig vor sich hin. Seufz. Diese Übelkeit. Seit wann taucht die eigentlich nachts auf? War das in den beiden Schwangerschaften mit Ronja und Merlin auch schon so? Kann mich nicht dran erinnern. Es braucht mich eigentlich nicht wundern, dass ich nun übrigens seit eineinhalb Stunden nicht in den Schlaf finde. Meine Gedanke fahren Achterbahn. Mir geht soviel im Kopf herum...

Der Termin bei der Frauenärztin. Unser kleines Pünktchen misst nun schon ganze 1,2cm und das Herzchen bubbert kräftig. Natürlich kamen mir die Tränen als ich es so auf dem Bildschirm betrachten durfte. Dieses kleine Menschlein. Wie es so winzig und süß in seiner Höhle hockt. In mir drinnen. Dieses Wunder verliert wirklich nicht an Zauber. Wahnsinn, es ist so schön!

Gleichzeit überfällt mich die Angst. Werde ich mit drei Zwergen fertig? Kann ich jedem gerecht werden? Reicht es finanziell? Wird das Baby gesund sein? Wie werden Ronja und Merlin auf ihr Geschwisterchen reagieren?

Ronja wird fünf und Merlin 22 Monate alt sein, wenn unser drittes Kind zur Welt kommt. Das heißt 2 unter 2 und außerdem noch 3 unter 6. Wow! Ich kann nur hoffen, dass alles gut wird und vor allem immer alle schön gesund bleiben.

Merlins Krippeneingewöhnung. In einem Monat muss ich wieder arbeiten gehen. Alle Rechnerei hat nichts gebracht als die Gewissheit, dass es das einzig Vernünftige ist. Trotzdem fällt es mir unheimlich schwer meinen kleinen Strahlemann abzugeben. Um nicht zu sagen, es wird der Horror. Und wie wird er es wegstecken? Gerade in letzter Zeit fixiert er sich immer mehr auf mich, lässt mich kaum unter die Dusche oder auf die Toilette gehen. Früher war Merlin gar nicht anhänglich. Vielleicht ist es aber auch nicht schlecht, wenn er in der Krippe ganz sanft daran gewöhnt wird, dass es nicht schlimm ist, mal ein bisschen von der Mama getrennt zu sein. Von den vielen Rutschfahrzeugen, die er letzte Woche beim Einführungsgespräch schon ausprobieren durfte, ließ er sich jedenfalls leicht begeistern und ablenken.

Horst und sein Stress bei der Arbeit. Innerhalb eines Jahres sind die Herren Oberbosse seiner Firma gleich viermal auf die glorreiche Idee gekommen, das Schichtsystem zu wechseln: von Zwei- in Dreischicht, von Drei- in Vierschicht, dann wieder zurück und wieder zurück in die Vierschicht. Zusätzlich wurde noch der Beginn der Schichten eine Stunde nach hinten verschoben. Da blickt langsam echt kein Mensch mehr durch! Meiner Meinung nach war das ganze wirklich eine Zumutung, aber man muss ja noch froh sein, dass man(n) überhaupt einen einigermaßen sicheren Job hat. Sind wir auch! Trotzdem würden wir gerne mal den nächsten Urlaub, eine Übernachtung bei den (Groß-)Eltern oder einfach nur das nächste Wochenende verplanen. Naja, aber Hauptsache das alles wirkt sich nicht schlecht auf Horsts Gesundheit aus. Wir brauchen ihn schließlich noch!

Ich muss grinsen. Vorhin schien er jedenfalls fit wie ein Turnschuh...! Ihm scheint also auch noch nicht aufgefallen zu sein, dass ich momentan gar nicht besonders sexy aussehe. Leider. Seufz. Vielleicht sieht er es ja auch nicht so (was mich ja freut), aber ich selbst mag gerade so gar nicht in den Spiegel schauen. Obwohl die ersten drei Monate noch lange nicht überstanden sind, wölbt mein Bauch sich schon sehr verdächtig. Und dabei wollten wir es doch noch niemandem sagen! Jetzt denken alle, dass ich einfach nur mal wieder fett zugelegt hätte. "Haja, da hat sie sich wohl mal wieder nicht so im Griff in letzter Zeit." "Kann sich nicht beherrschen." "Hat ja wieder kräftig zugenommen." Aaaahhh! Gemeinheit. Falls hier jemand glaubt, ich könnte den Bauch einfach unter weiten Pullovern verstecken: Pustekuchen! In weiten Sachen sehe ich erst recht dick aus. Ein bisschen Taille muss ich schon betonen, sonst ist alles aus. Und als ob das noch nicht genug wäre, kruseln sich meine Haare am Kopf, als hätte ich mir mit Absicht mit dem Handtuch drüber gerubbelt. Schrecklich! Normalerweise sieht man meine Fusselhaare am Ansatz nicht, da ich sie immer relativ streng zur Seite binde. Funktioniert derzeit gar nicht. Alles fusselt sich in alle Richtungen. Muss mir unbedingt eine Haarkur oder so etwas besorgen. Und eine Pickelcreme. Mein Gesicht gleicht nämlich einem Streuselkuchen. Finde ich aber gar nicht lecker! Aber dafür gibt es ja wenigstens diverse Abdeckmanöver, die frau starten kann.

Ob es wohl ein Mädchen wird? Die äußeren Anzeichen würden ja dafür sprechen. Stopp, stopp, stopp! Ob Mädel oder Bub, darüber wollen wir jetzt gar nicht nachdenken! Schlaf jetzt! Sofort!

Wie bringe ich es nur schonend meinen Kolleginnen bei? Mein Chef wird mir ohnehin nicht verzeihen und wer weiß, ob er nicht umgehend meine Stelle anderweitig besetzt und mich in den Keller verfrachtet. Stört mich nicht. Nur meine Kolleginnen. Die sind mir schon wichtig. Und es tut mir leid, dass sie enttäuscht sein werden, dass ich tatsächlich nur für ein paar Monate komme. Hoffentlich können sie sich trotzdem noch einmal mit mir freuen.

Ronja freut sich jedenfalls ganz bestimmt. Derzeit befindet sie sich noch auf dem Stand, dass wir uns noch ein Baby wünschen. Als sie den Vorschlag dafür machte ("Mama, können wir eigentlich nicht noch ein Baby haben?"), sind Horst und ich gleich unauffällig darauf eingestiegen. Ich bin so stolz, was für eine tolle große Schwester Ronja ist. Immer passt sie auf ihr Brüderchen auf, erklärt ihm die Welt und zeigt ihm den immensen Spaß, einfach Quatsch zu machen. Heute haben die beiden auch mal wieder soviel zusammen gelacht...ich höre sie glucksen...ich sehe ihr Strahlen...

Chrrr...zzzpüüü....chrrr....zzpüüüü.....

To - Do - Listen

Ich schreibe To - Do - Listen seit ich denken kann. Oder vielleicht seit ich schreiben kann? Nein, nicht ganz, aber bestimmt fast. Auf jeden Fall nahmen die Listen schon in der Schulzeit ihren Anfang, setzten sich während dem Studium fort und sichern bis heute mein bescheidenes kleines Dasein. Ohne meine Aufstellung(en) könnte ich schlichtweg nicht überleben. Es bleibt mir auch absolut rätselhaft wie irgendjemand sein Leben auf die Reihe bekommen kann, ohne sich zumindest mal ab und zu etwas aufzuschreiben. Man muss ja nicht so übertreiben wie ich. Das sehe ich ja gerne ein. Es kam schon vor, dass zeitgleich einige Listen nebeneinander existierten (Geschenkeliste, allgemeine Einkaufsliste, Haushaltsliste, Gartenliste, Liste der mal - zu - erledigen - Dinge, Horsts Liste, Erledigungen...). Den Überblick zu behalten ist mir eben sehr wichtig. Oder bin ich einfach ein Kontroll- Freak? Keine Ahnung. Fest steht, dass ich ohne meine geliebten Listen ganz einfach alles und jeden vergessen würde. In besonders hektischen Zeiten habe ich mir auch schon aufgeschrieben, wen ich alles unbedingt mal wieder anrufen oder bei wem ich mich sonstwie melden müsste. So ist das eben bei mir. Mein Gehirn packt das nicht. Die Auflistungen geben mir einfach Sicherheit und Entspannung. Ist die Liste geschrieben, habe ich alles im Griff. Nicht auszudenken, eine Aufstellung würde verloren gehen. Das Chaos würde ausbrechen, sämtliche Erledigungen, Geschenke und Freunde würden vergessen. Eventuell hätten wir tatsächlich keinen Tesafilm oder Joghurt im Haus. Der Sommer würde kommen und unsere Kinder hätten weder Sandalen noch Sonnencreme. Der Haushalt läge brach, der Garten verwahrloste.
Soviel also zu meiner To - Do - Liste, die ich für unabdingbar halte.
Momentan habe ich mal wieder so einiges auf besagter Liste festgehalten. Merlin wird bald in der Krippe eingewöhnt sein und ich werde aber noch eine Weile zu Hause auf Abruf bereit stehen bevor ich arbeiten gehe. Wahrscheinlich 2 Wochen lang. Da lässt sich so einiges erledigen. Um mich von meinem Trennungsschmerz abzulenken, habe ich mir also folgende Erledigungen vorgenommen:

- Frisörbesuch
- Zahnarzt

- Fenster putzen
- Bettwäsche waschen
- Wandfliesen putzen
- Moos und Unkraut entfernen
- Ronja im Schwimmkurs anmelden
- Urlaub planen
- Arbeitszimmer aufräumen
- Staub wischen
- Küche putzen
- Fotos entwickeln
- Klamotten ausmisten

Natürlich muss auch ausgiebig geshoppt werden:

- einen neuen Kinderzimmerteppich
- Gardinenstangen (welche sich nicht in der Mitte durchbiegen..!)
- Geburtstagsgeschenk für Kathi
- Geburtstagsgeschenk für Horst
- Fahrrad für Ronja
- Kettcar für Merlin
- einen neuen MaxiCosi für unser Krümelchen
- diverse Klamotten für die Kinder: Sommermützen, Hausschuhe, Schlafanzüge, T-Shirts
- Pflanzen für den Vorgarten

Das sollte wohl reichen.

Mamafreuden

Die weichen Haare kitzeln mich in der Nase, welche ich an die zarte warme Haut schmiege. Ich rieche den unverwechselbaren Duft meiner beiden Schätze und drücke sie ganz fest an mich. Ronja hatte sich sofort auf mein rechtes Bein gepflanzt, als ich es mir im Schneidersitz auf dem Teppich bequem gemacht hatte. "Mama, ich will schmusen." Immer gerne! Das konnte Merlin aber natürlich nicht lange auf sich sitzen lassen und der kleine Eifersuchtsknödel kam stracks auf mein linkes Bein gekrabbelt. Jetzt genieße ich diesen wunderbaren Augenblick..!

In der Kindergartengruppe herrscht emsiges Treiben, als ich unauffällig zur Tür hinein linse. Da wird gepuzzelt, gespielt, gebastelt und gemalt. Hochkonzentriert und mit hängender Zunge zeichnet mein großes Mädchen ein Herz nach dem anderen. Dann blickt sie hoch. Sieht mich. Ein Strahlen breitet sich auf ihrem Gesicht aus. Sie lässt den Stift fallen, stürmt auf mich zu und fällt mir in die Arme. "Ich hab dich vermisst, Mama!"

Mit wachsender Begeisterung versteckt Merlin sich hinter dem Stuhl und wartet voller Vorfreude auf mein "Wo ist der Merlin?", um dann mit einem strahlenden "Daaaa!" aufzutauchen. Dieses Lachen gibt mir alles, was ich brauche!
Dann schnappt er sich mit einem schelmischen Grinsen mein Handy und rennt damit um den Tisch herum. "Gleich habe ich dich!" hechte ich hinterher. Merlin juchzt voller Freude und stolpert auf und davon so schnell ihn seine kurzen Beinchen tragen können. Ich schnappe ihn mir und kitzle ihn erstmal ordentlich ab. Herrlich!

In der Pfanne brutzeln Zwiebeln und Fleisch vor sich hin und gerade will ich den Salat waschen, da fällt mir etwas auf: diese Ruhe! Da stimmt doch etwas nicht. Auf das Schlimmste gefasst, werfe ich einen wagemutigen Blick um die Ecke ins Wohnzimmer. Die Schranktür steht offen und sämtliche Bücher wurden über den Fußboden zerstreut. Soweit so gut. Endlich entdecke ich meine beiden Mäuse: einträchtig hocken sie unter dem Esstisch und sind ganz und gar in ihre Bücher vertieft. Jetzt krabbelt Merlin zu Ronja hinüber und deutet gewichtig auf die Bilder in ihrem Buch: "Da!" Und Ronja erklärt ihrem kleinen Brüderchen, was er da so alles sehen kann. Meine Augen brennen. Aber das kommt bestimmt durch die Zwiebeln..!

"Mama, schau mal, wie hoch ich schaukeln kann!"

"Mama, schau mal, was ich gebastelt hab."
"Mama, das hab ich für dich gemalt."
"Mama, meine Haare sind schon ganz lang geworden, gell."
"Mama, ich singe etwas für dich, ja?"
"Mama, ich mag mit dir schmusen."
"Hmmm, Mama, heute hast du aber lecker gekocht. Ich hab alles aufgegessen."

"Mama, ich hab dich so doll lieb!"

Mamaleiden

Das knallheiße Wasser prasselt auf mich nieder. Die Augen geschlossen summe ich die Melodie im Radio mit und fühle mich zutiefst entspannt. Am liebsten möchte ich gar nicht aus der Dusche steigen. Aber auf mich warten drei hungrige Mäuler, die dringend nach dem Abendessen verlangen. Kaum habe ich einen Fuß aus der Duschkabine gesetzt, höre ich auch schon, wie eilig es tatsächlich schon ist. Merlin schreit lauthals direkt vor der Badezimmertür, Ronja kreischt irgendwo im Hintergrund und von Horst kann ich leider überhaupt nichts zu dem ganzen Theater vernehmen. Super. Ist der durchgegangen, oder was? Ich hasse es. Halb nass schlüpfe ich schnell in die Klamotten, verzichte auf das Haare kämmen und haste zur Tür. Jegliche Entspannung ist mal wieder dahin.

Seit gut einer Stunde müsste ich echt dringend mal wohin. Ja, auch die Mama hat ab und zu mal unaufschiebbare Geschäfte zu erledigen. Größere Geschäfte. Leider musste ich meine Sitzung wieder und wieder aufschieben. Erst saßen wir noch gemeinsam beim Essen. Meinen Kindern ganz das gute Vorbild stehe ich bei Tisch natürlich nicht auf. Die verderblichen Sachen räume ich selbstverständlich auch noch schnell in den Kühlschrank. Inzwischen windet sich Merlin in seinem Hochstuhl. Also putze ich ihn kurz ab und hebe ihn heraus. Derzeit fällt Ronja leider mitsamt ihrer Tasse hin, die sie so lieb vom Tisch in die Küche tragen wollte. Nachdem ich die kleine Maus getröstet und die Scherben beseitigt habe, mache ich mich auf die Suche nach den Prinzessinnenpflastern. Kaum ist Ronja versorgt, tappselt Merlin jammernd um die Ecke. Und ich rieche es schon. Der Herr möchte bitte sofort eine frische Windel. Also ab auf den Wickeltisch. Langsam wird die Sache bei mir selbst allerdings richtig dringend. Jetzt bin wirklich ich dran. Ich ignoriere das klingelnde Telefon und steuere auf die Toilette zu. Dicht gefolgt von Merlin. "Nein, Mama geht jetzt alleine auf´s Klo." Das sieht mein Dreikäsehoch mal gar nicht ein. Seufz. "Ronja, kannst du Merlin mal kurz ablenken und ihm ein Buch zeigen oder so?" Meine Große ist wirklich ein Schatz und tut ihr bestes, aber ich habe mich gerade auf der Schüssel niedergelassen, als Merlin lautstark protestierend gegen die Tür trommelt. Ich hasse es. Immer diese Hetzerei, nicht einmal fünf Minuten Ruhe auf dem Abort. Seufz.

"Mama, wann sind wir endlich da?"
"Ich wusste nicht, dass da soviel Sand im Schuh war..."
"Das Glas ist irgendwie ganz von alleine umgefallen..."
"Mama, ich hab in die Hose gemacht."
"Maaaamaaaa! Aaaaauuuuuuaaaaaaaaaaa!"
"Mama, ich kann nicht schlafen."
"Mama, das schmeckt mir nicht."
"Mama, mir ist langweilig."
"Nein, ich will aber nicht!"
"Wäääháäääääääää!"

War das geplant???

Die Reaktionen auf unser drittes kleines Wunder haben mich trotz emotionaler Vorbereitung und innerlicher Wappnung gegen eventuelle negative Kommentare enttäuscht bis schockiert.

Meine Mutter: "Mutest du dir da nicht zuviel zu? Könnt ihr euch das finanziell überhaupt leisten?"
Mein Vater: "Oje, was wird dein Chef dazu sagen?"
Meine Kollegin: "Habt ihr euch das denn auch gut überlegt?"
Die Mama einer Kindergartenfreundin von Ronja: "Das war aber nicht geplant oder etwa doch?"
Eine Bekannte: "Dann habt ihr aber jawohl abgeschlossen mit der Familienplanung, oder?"
Meine Tante: "Das wird ja eine große Herausforderung!"

Hallo?!?
Zu den meisten dieser wirklich unüberlegten, herzlosen und unsensiblen Fragen und Aussagen konnte ich vor lauter Sprachlosigkeit gar nicht viel erwidern. Dabei hätte ich eigentlich so einiges dazu zu sagen gehabt:
Erstmal wusste ich gar nicht, dass ein Kind eine "Zumutung" bedeutet. Von daher komme ich also auch nicht auf die Idee, dass es "zuviel" sein könnte. Diese Frage von einer Frau zu hören, die selbst drei Kinder hat, erschüttert mich wirklich zutiefst. Noch dazu ist es meine eigene Mutter. Natürlich könnte ich ihr zugute halten, dass sie sich einfach nur Sorgen macht. Da drängt sich mir aber leider ganz ungewollt der Gedanke auf, warum denn meine Mama meint, sich sorgen zu müssen. Als ob ich nicht jedes Mal, wenn ihr Besuch ansteht, einen Frühjahrsputz veranstalten, die Kinder baden und striegeln, den Rasen mähen und das Auto durch die Waschanlage schieben würde. Unsere Zwerge benehmen sich bei Oma und Opa (mit kleinen Aussetzern) einwandfrei. Wir haben meine Eltern noch nie um Geld angepumpt. Und auch wenn ich mich nicht unbedingt immer schminke, schaffe ich doch meist noch schnell die Haare zu kämmen und etwas Sauberes anzuziehen. Was also veranlasst meine Mutter dazu, unsere Familiensituation hin zu stellen, als stände ich kurz vor dem Nervenzusammenbruch? Da kann ich ja nur froh sein, dass ich sie nie darüber unterrichtet habe, falls dem zwischendurch tatsächlich mal so war.

Natürlich werden wir mit drei Kindern schwierige Phasen haben. Übrigens genauso wie mit zweien. Natürlich hoffe ich, dass wir uns immer alle bester Gesundheit erfreuen und natürlich ist mir klar, das dem nicht so sein wird und das immer hart wird. Vor allem weil wir eben keine Großeltern in unserer direkten Nähe haben und auf uns allein gestellt sind. Trotzdem möchte ich mir sagen, wir schaffen das. Und wie sehr hätte ich mir gewünscht, genau das von meiner Mutter zu hören. Dass sie mir Mut macht. Sich mit uns freut. Uns das zutraut. Seufz.
Eigentlich hatte ich mir tatsächlich auch eingebildet, sie würde mir nach einem Abi-Schnitt von 1,4 doch zumindest ein paar rechnerische Fähigkeiten zutrauen. Wohl nicht. Das Horst und ich beide einen festen Job vorweisen können, zählt anscheinend auch nicht viel. Na gut. Nach Meinung meines Papas bin ich jawohl sowieso dabei, meine Festanstellung leichtsinnig aufs Spiel zu setzen.
Also alles in allem darf ich diese ganzen Kommentare wirklich nicht zu sehr an mich herankommen lassen. Das macht mich zu traurig. Und am Ende spürt unsere kleine "Herausforderung" das dann noch. Sind die Menschen denn echt so eiskalt geworden? Wo bleibt die Freude über ein neues kleines Wunder? Denkt denn keiner daran, welch *schöne* Aufgabe auf uns wartet? Kann sich keiner mehr vorstellen, dass Kinder nicht nur Stress, sondern vor allem Freude bedeuten? Ich kann das gar nicht verstehen! Es gibt doch nichts schöneres als in die strahlenden Augen deiner Kinder zu blicken. Die kleinen Zwerge abzuschmusen. Sie beim Spielen zu beobachten. Zu sehen wie sie wachsen, sich entwickeln und eigenständige Charaktere bekommen. Zu trösten und zu schimpfen und zu lachen und selbst wieder Kind zu werden. Auch wenn das jetzt geschwollen klingt, aber ich fühle mich *gesegnet*, dass ich drei Kinder bekommen darf. Dass bei uns dafür soweit alles in Ordnung ist, es finanziell reicht, das Haus groß genug ist und vor allem dass es geklappt hat. Das ist doch einfach nur SCHÖN!!!
Ironischerweise war es ausgerechnet mein Chef, der dieses Wort als erste Reaktion in den Mund genommen hat, nachdem ich ihm meine Schwangerschaft gebeichtet hatte: "Aber, Frau Tegel, das ist doch schön." Danach ging er gleich etwas ernster zu den organisatorischen Dingen über, aber immerhin war das einer der besten Kommentare.

Meine Freundinnen fanden unsere kleine Überraschung größtenteils toll, aber auch "bewundernswert".
Am schönsten hat natürlich unsere Mausemaus reagiert. Als sie gleich das Bäuchlein gestreichelt und dem Baby leise zuflüsterte, wie gern sie es schon hat, konnte ich die Tränen kaum zurückhalten.

Überredungskünstlerin

"Mama, wann krieg ich endlich Ohrringe?"
"Och Schatz, warte damit doch noch ein bisschen."
"Aber ich warte schon so lange! Immer sagst du, ich soll warten."
Ronja schmollt. Ich überlege. Ob sie mit 5 Jahren schon Ohrringe bekommen soll oder nicht, in dieser Frage bin ich mir zugegebenermaßen nicht sicher. Horst enthält sich, er überlässt die Entscheidung mir. Typisch. Hat ja aber auch Vorteile, diese männertypische Haltung. Jedenfalls liegt Ronja mir tatsächlich schon eine Weile mit dem Thema im wahrsten Sinne des Wortes in den Ohren. Wie lange eigentlich genau? Ich blättere in meinem Tagebuch. Mindestens ein halbes Jahr. Hmmm...
"Mama, die Lisa im Kindergarten hat jetzt auch Ohrringe. Alle haben Ohrringe, nur ich nicht! Das ist gemein! Bitte, bitte, darf ich auch welche haben? Biiiiittteeeee!"
Süß fände ich es ja auch...
"Bitte, bitte, Mama!" Die kleine Große merkt sofort, wenn Mamas Herz schmilzt und sie weich wird.
"Ronja, Mausemaus, du weißt schon, dass das Stechen wirklich sehr, sehr weh tut. Weißt du noch als der Arzt dir die Entzündung am Daumen aufpicksen musste?"
"Ja."
"So und noch viel schlimmer tut es weh!"
"Das war aber gar nicht so schlimm."
"Das hast du damals aber anders gesehen, mein Schatz. Willst du nicht wenigstens warten, bis du in die Schule kommst? Wollen wir die Löcher zum Schulanfang stechen lassen, hm?"

"Das ist noch sooo lange! Sogar die Gerta hat schon Ohrringe und die ist noch ein Baby! Warum habt ihr mir nicht schon als Baby Ohrlöcher machen lassen?"
"Weil es sehr schmerzhaft ist, Ronja. Ich treffe doch keine Entscheidung, meinem Kind absichtlich weh zu tun, wenn es noch nicht einmal mitreden kann und das Ganze auch noch vollkommen unnötig ist."
"Aber jetzt kann ich mitreden und jetzt ist es nötig!"
"Wofür ist es denn nötig?"
"Na, zum schön aussehen!"
"Du siehst auch ohne Ohrringe wunderhübsch aus. Das brauchst du gar nicht."
"Ich möchte es aber so gerne! Bitte, bitte."
Seufz.
"Na gut."

guten abend liebe kathi,
bin eigentlich auch schon echt müde, das war heut ein hammer tag aber möcht doch zumindest noch ein paar zeilen schreiben.
schön dass euer kiga fest ein erfolg war und ihr glück mit dem wetter hattet! kann aber auch verstehen dass ihr euch dann auf ein ruhiges woe gefreut habt.
bei uns ist derzeit mal wieder viel los...
am woe waren wir ja nur unterwegs und obwohl wlr gestern zu horsts geburtstag echt langsam gemacht haben und nur auf den spielplatz geradelt sind und pizza gemampft haben, ist die erholung heut schon wieder dahin :(merlin hat über nacht pseudokrupp-husten bekommen :(ganz die rabenmutter aber eben auch unwissend hab ich ihn heut morgen trotzdem in die krippe da er ja kein fieber hatte. natürlich wurd ich prompt auf der arbeit angerufen, er wär total schlapp. da meine kollegin ja urlaub hat und mein chef mal wieder recht hektisch unterwegs war, konnte ich den armen zwerg aber letztlich doch nur ne halbe stunde früher als sonst holen. schweißgebadet. er hatte aber dann die ganze zeit gepennt. inzwischen hab ich noch nen

kinderarzttermin gleich ausgemacht, meinen fa termin (auf den ich mich seit tagen gefreut hab) auf abends verlegt und mit horst telefoniert ob er morgen daheim bleiben kann falls nötig.
leider ist es nötig. wie gesagt hat der ärmste krupphusten und noch dazu eitrige mandeln :(mo abend ist er noch quietschfidel im garten rumgetollt und heut war er nur noch ein häufchen elend :(
hoffentlich geht es ihm mit dem antibiotika bald besser. wird halt jetzt ganz viel abgeschmust und gebobbelt und ronja hat ein wenig das nachsehen.
naja aber dafür hatte sie das ganze programm ja auch als sie krank war.
umso schöner war der fa termin! bin ja sooo verliebt :-))) es ist jetzt übrigens recht sicher: wir bekommen wieder ein mädchen :)) und fleißig gewachsen ist die kleine kuschelmaus auch und misst jetzt 200g und 17cm :))) hachja war echt schön sie zu sehen! -um 8 uhr abends übrigens..!
also der tag morgen kann nur entspannter werden, auch wenn ich noch schnell ein vatertagsgeschenk und neue schläppchen für ronja besorgen muss, einen haufen wäsche hab und es hier mal wieder aussieht wie sau...aber wenn merlin und horst sich hier morgen nen männertag machen lohnt das aufräumen eh nicht ;)
so also ich freu mich wieder zu hören wie es euch so ergeht. hoffe ihr seid weiterhin alle gesund und der häuschenkauf schreitet voran!
wegen treffen meld ich mich am besten wieder wenn merlin wieder fit ist.
und jetzt fall ich ins bett! freu ;)
lg
franzi

Hallo liebe kathi,
danke für dein mail und die aufregenden Neuigkeiten! da werd ich ja morgen am notartermin fest an euch denken :-)) so schnell kann es gehen und schon im sommer dann der umzug - Wahnsinn! klar ist da viel zu tun aber die Vorfreude wächst ja dann von tag zu tag und da nimmt man den stress

bestimmt gar nicht so schlimm. falls wir euch irgendwie mal zur seite stehen können, sagt einfach bescheid gell! kugelrund und mit zwei kiddies im Schlepptau sind wir rein handwerklich wohl nicht die größte hilfe aber vielleicht können wir euch ja auch mit rat zur seite stehen :)
habt ihr denn das lange woe schön genießen können? hattet ihr fr frei? und was habt ihr so gemacht?
horst und ich haben am fr beide gearbeitet aber nur bis mittags und ansonsten haben wirs uns auch gut gehen lassen. mi war horst ja noch mit merlin zuhause wegen seinem üblen husten und do war es zumindest schon wieder soweit ok dass wir hier auf unser Frühlingsfest radeln konnten. die stolze ronja fährt ja jetzt auf dem alten rad von meinem bruder nebenher mit :) das wird horst aber heut noch n bisschen verschönern mit am sa im Baumarkt geholtem pinken glitzerlack ;) da haben wir uns auch gleich mit jeder menge Blümchen und Tomaten für den garten eingedeckt und nach getaner arbeit auch schön gegrillt. die ersten rosen duften auch schon im garten - einfach herrlich :-) bald habt ihr das auch :-)
gestern waren wir dann noch bei meinen Eltern und ich bin tatsächlich freiwillig mit dem 7sitzer gefahren. das hätte ich vor 10 jahren auch niemandem geglaubt!
meine Mama freut sich glaub ich auch sehr dass es nochmal ein Mädchen gibt; mir wärs aber ganz ehrlich egal gewesen. Ich finde es auch total toll wenn merlin seine Stöckchen aufsammelt und dann mit lautem gragra auf mich zustürzt :-))) oder wenn er eben schmust wie ein kleiner tiger mit balgen und knabbern :) fühle mich gesegnet dass ich beides haben darf und freu mich jetzt aber natürlich auch wieder auf rosa Kleidchen und co ;)
schön dass euer mutter-vater-tag im kiga euch gefallen hat. bei uns wars ja ein bisschen ungerecht mit dem reinen Muttertag, aber ich hab das dann ganz egoistisch genossen. war auch total süß gemacht mit sektempfang und echt schönen Liedern (war mal wieder zu tränen gerührt..) und dann haben die muttis ne rose und Badesalz bekommen :-)

da wir ja am mi garde haben würd ich fürs treffen den fr vorschlagen. horst hat eh Spätschicht und da wärs mir ja grad recht ;) wär dann auch noch ein grund mehr sich auf fr zu freuen ;)
wünsch dir eine schöne Woche!
lg
franzi

Tascheninhalt

Wie ich zugeben muss, fällt es mir in meiner dritten Schwangerschaft doch um einiges schwerer, den Überblick zu behalten, in welcher Schwangerschaftswoche ich mich nun genau befinde, wie groß das Baby nun schon sein müsste und was es denn schon so alles kann. Als Ronja noch in der Bauchwohnung saß, da konnte ich solche Informationen fast täglich im Internet nachlesen und mich daran erfreuen. Bei Merlin habe ich es immerhin noch mindestens einmal in der Woche geschafft, mich auf einen aktuellen Stand zu bringen. Derzeit bin ich froh, wenn ich die Frauenarzttermine auf die Reihe bringe - auch wenn ich mich noch immer tagelang darauf freue! Definitiv weiß ich aber jedenfalls, dass ich mich im mittleren Drittel der Schwangerschaft befinde. Warum um alles in der Welt bin ich also dermaßen aus der Puste, als ich auf dem Weg ins Büro die letzten Stufe erklimme? Am Schreibtisch angekommen, habe ich eine einigermaßen passable Erklärung gefunden: Meine Tasche ist schuld. Die ist nämlich heute irgendwie besonders schwer. Und als ich einen Blick hineinwerfe, bestätigt sich mein Verdacht: Ich habe vergessen, das Zeug vom Wochenende auszuräumen. Normalerweise brauche ich im Büro weder die Malstifte, das Malbuch, die Autos, das Mini-Wimmelbuch, die vier Pixi-Bücher, Salzstangen, die Ersatz- Windel, Feuchttücher, Kekse, Sonnencreme, noch Pflaster. Immerhin habe ich es geschafft, meinen Apfel und die Brotdose, meine Büro- Brille und die Wasserflasche noch auf diesen ganzen Tumult obendrauf zu packen, ohne etwas davon zu bemerken. Daneben sei noch bemerkt, dass sich natürlich in den Untiefen meiner Tasche noch so einige andere Utensilien aufhalten, welche immer dabei sein dürfen: Labello, Taschentücher, Geldbeutel, Handy, Kaugummis, Haargummis, Deo, Sonnenbrille, ein Tampon (ja, den könnte ich eigentlich seit etwa 6 Monaten getrost daheim lassen), Schlüssel und ich muss es zugeben: ein paar verklebte alte Bonbons, einige Rotzfahnen und zwei bis drei zerknüllte Einkaufszettel. Das wär´s. Geht ja eigentlich noch. Irgendwie habe ich aber das Gefühl, dass ich diese ganze Tascheninhaltsthematik nicht so richtig im Griff habe. Geht das nur mir so? Früher - ich erinnere mich sehr dunkel an solche Zeiten - da war das alles total einfach. Ich besaß eine Tasche. Nein, so stimmt das natürlich auch nicht. Im Schrank tummelten sich durchaus einige Dutzend Taschen. Aber in Benutzung befand sich eben immer nur eine einzige Tasche, deren Inhalt überschaubar war: Taschentücher, Abdeckstift, Deo, Geldbeutel, Schlüssel, Handy. Ein Traum! Und heute: Fast täglich wechsle ich zwischen einer Handtasche für die Arbeit, der Kinderwagen-, der Wickel- und der Spielplatztasche. Abgesehen davon sind selbstverständlich auch noch die Krippen- und Kindergartentäschchen der Kinder zu verwalten. Nun sollte sich eigentlich in der Handtasche neben der Grundausstattung (siehe frühere Alleinherrschaftstasche) nur der täglich benötigte Proviant für die Mama befinden. Übrigens nicht zu verwechseln mit der Brotdose für die Kindergartentasche! Nicht auszudenken, das arme Kinde hätte statt der gewünschten Leberwurstschnitte plötzlich ein Käsebrot dabei! Außerdem gehört in die Kindergartentasche immer donnerstags ein Spielzeug für den "Mitbringtag", montags darf der Turnanzug nicht vergessen und täglich müssen die gesammelten Kunstwerke der großen Mausemaus ausgeräumt werden. Dabei kann gleich überprüft werden, ob die Banane wirklich gegessen oder auf den Boden der Tasche gedrückt wurde, welche Haarspängchen dann eventuell in der Matschepampe noch drin stecken und ob ein Kind Geburtstag hatte und Gummibärchen in die Taschen verteilt hat. Die findet der kleine Merlin nämlich sonst natürlich ganz schnell. In seiner Krippentasche befindet sich ja leider nur dreckige Wäsche oder höchstens mal ein Stöckchen wieder. Da macht es ihm schon mehr Spaß, die Kinderwagentasche auszuräumen. Hier findet man neben der Ersatzwindel und den Feuchttüchern nämlich vor allem Wegzehrung. Dass die eigentlich - wie der Name schon sagt - für den *Weg* gedacht war, ist ja nebensächlich. Lecker Kekse, Salzstangen, auch mal Waffeln, Apfelstückchen oder Reistaler - alles natürlich fein säuberlich in bunten Frischhalteboxen aufbewahrt - wer kann da schon widerstehen? Der Kinderwagenbeutel muss also möglichst immer außerhalb von Merlins Reichweite aufbewahrt werden. Ebenso die Spielplatztasche. Dieses übrigens recht zerlumpte Ding beinhaltet - wie sollte es auch anders sein - diverse Sandförmchen, Schaufeln, einen Eimer, einen Sieb, einen Rechen, einen kleinen Ball, einen Bagger, Seifenblasen, Taschentücher, eine kleine Sonnencreme für alle Notfälle und natürlich- jede Menge Sand. Trotz sorgfältigem Abklopfen sämtlicher Utensilien vor dem Aufbruch vom Spielplatz klebt dieses Teufelszeug meist hartnäckig an den Spielsachen um dann still und heimlich in der Tasche abzufallen und diese schön ein zu sauen. Von daher mache ich mir auch keine Gedanken, dass dieser Beutel solch ein Lumpenfetzen ist. Allerdings achte ich eben wie gesagt darauf, dass klein Merlin das Teil nicht im Haus zu fassen kriegt. Mit viel Glück würde er nur ein paar Schaufeln herausziehen und den daran haftenden Sand möglichst weiträumig verteilen. Wenn ich Pech habe aber, bleibt er irgendwie an der Tasche hängen und schleift diese dann durch sämtliche Zimmer, wobei unser Haus spontan in eine Sandlandschaft verwandelt würde. Da verzichte ich dann doch dankend.

So, welche Tasche habe ich nun noch vergessen? Achja, die Wickeltasche. Diese habe ich extra ein bisschen größer eingekauft. Eingesetzt bei Arzt- oder auch Großelternbesuchen muss da nämlich so einiges reinpassen: Windeln, Creme, Feuchttücher, ein Handtuch zum Darunterlegen beim Wickeln, ein paar kleine Spielsachen (Autos, Bücher, Tiere etc.), ein paar Boxen "Wegzehrung" (siehe Kinderwagentasche), Handy, Geldbeutel, Schlüssel, Taschentücher, evtl. Untersuchungsheft und je nach dem Ersatzkleidung.

Was ist jetzt mein Problem mit dem ganzen Taschenchaos? Eben! Die Taschen nehmen die Überhand und das Chaos nervt einfach. Ständig räume ich Dinge von A nach B und wieder zurück und aus und ein und dann weiß ich nicht mehr, was sich wo gerade befindet und dann horte ich die Sachen doppelt in diversen Taschen. Und am Ende habe ich doch wieder etwas vergessen, da ich dachte, es befände sich in der einen Tasche, obwohl es eben doch in der anderen Tasche lag. Doof. Hat jemand eine Lösung? Bitte ruf mich an.

Es rasselt im Schlauch

Zum Thema Hausarbeit. Da muss ich ja auch mal etwas zu sagen. Natürlich bin auch ich nicht gerade begeistert von der Menge an Putz- und Aufräumarbeiten, den Wäschebergen, leeren Kühlschränken, überquellenden Müllsäcken und sonstigen Verpflichtungen rund um Haus und Garten. Aber... Es gibt etwas, das mir immer mal wieder in den Sinn kommt und mir das ganze erträglicher erscheinen lässt. Vor allem beim Saugen muss ich daran denken. Dank meinen zwei Krümelmonstern dürfte ich gut und gerne dreimal täglich den Staubsauger anschmeißen, ohne dass von Stromverschwendung die Rede sein könnte. Da rasselt´s im Schlauch, dass es eine wahre Freude ist! Und so empfinde ich es tatsächlich. Denn ich erinnere mich daran, wie sinnlos die Hausarbeit mir damals, als ich noch keine Kinder hatte (und mir sehnlichst welche wünschte), vorkam. Da lag ja selbst nach einer Woche kaum ein bisschen Staub in den Ecken. Zu Wischen war so gut wie unnötig und musste ja doch gemacht werden. Es lohnte sich wenig. Da überkommt mich doch heute ein ganz anderes Gefühl der Befriedigung, wenn endlich mal wieder alle Keks-, Sand- und Brotkrümel sowie sämtliche undefinierbaren Kleckse und Schmierflecken beseitigt sind. Es macht mir dann auch gar nicht soviel aus, wenn fünf Minuten später wieder Autos, Barbies, Bälle, Luftballons, Dinosaurier, Malstifte und noch viel mehr in der Gegend herum fliegen, obwohl ich gerade alles weggeräumt hatte. Immerhin glänzt der Boden unter dem Chaos.

Genauso im Bad. Das muss ja auch geputzt werden, ob da jetzt die Zahnpastareste im Waschbecken verteilt, der Spiegel so richtig ordentlich voll gespritzt ist und in der Wanne noch die Malseife klebt oder nicht. Aber so lohnt es sich eben wirklich.

Ebenso wie die Waschmaschine einzuschalten. Nicht nur, weil das Lieblingsteil jetzt seit zwei Wochen im Wäschekorb versauert und obwohl dieses zusammen mit der restlichen Schmutzwäsche immer noch nicht zu einer ordentlichen Waschladung

reicht. Heutzutage ist die Trommel bei uns wirklich bei jedem Waschgang gestopfte voll bis oben hin und frau versucht trotzdem noch gleich die Matschanzüge, Handschuhe oder wenigstens das kleine Badhandtuch oben drauf zu quetschen, bevor es wieder vergessen wird.
Auch die Spülmaschine darf gut und gerne jeden Tag einmal laufen und erfreut sich dabei eines vollen Bauches. Ich muss aber auch zugeben, dass bei uns alles, wirklich alles, im Geschirrspüler landet. Vom Löffel bis zum Nudeltopf, ich spüle nichts mit der Hand. Da weigere ich mich, denn das ist Zeitverschwendung. Umso besser bin ich darin, besagten Topf noch unter zu bringen, obgleich die Maschine schon zu platzen scheint. Entgegen aller Behauptungen wird das Geschirr dabei meist vollständig sauber und falls nicht, versuche ich es noch mindestens dreimal auf herkömmliche Weise, bevor ich mich geschlagen gebe und die angetrockneten Speisereste von Hand abkratze.
Genauso stur stelle ich mich übrigens auch, was das Bügeln angeht. Früher habe ich sogar richtig gerne das Bügeleisen geschwungen. Da konnte man so nett dabei Fernsehen schauen. Da die Glotze heutzutage jedoch ohnehin aus bleibt bis die Zwerge im Bett sind und mir danach gerade eine Stunde für die Wäsche bleibt, wird nur noch ordentlich gefaltet. Und richtig zusammen gelegt funktioniert gleichermaßen wie schnell mal drüber gebügelt. Das Bügeleisen hole ich also nur in Notfällen heraus, sprich bei Hochzeiten oder ähnlichen Festen, wirklich verkrumpelten Blusen (besitzen Ronja und ich aber so gut wie keine) oder Hemden (hängen bei Horst und Merlin jedoch ebenfalls sehr wenige im Schrank). Wer jetzt denkt, dass die Klamotten bei mir im Trockner vorgeglättet werden, liegt zu mindestens 50% falsch. Denn auch da überwiegt der Geizhals in mir. Trockner sind solche Stromfresser! Im Sommer kommt sowieso jedes Teil auf die Leine. Die Wäschespinne biegt sich zwar gerne mal unter der tonnenschweren Last, aber sie hält. Und auch hier muss ich einwerfen, dass ich gerne die Kleidung aufhänge. Es bringt mir Spaß diese ganzen süßen Teile der Kinder anzuschauen. Meistens jedenfalls. Im Winter bleibt mir allerdings nichts anderes übrig, als für jede zweite

Wäscheladung doch den Trockner anzuschalten. Unser Haushaltsraum bietet einfach nicht genug Platz für die von uns produzierten Wäscheberge.
So, was gehört noch zu den Hauptaufgaben im Haushalt? Einkaufen und Kochen. Da bin ich wieder der spießig- organisierte Typ. Einmal in der Woche wird ein Großeinkauf veranstaltet und hier landet alles im Wagen, was wir für 7 Tage brauchen. Ich erstelle also tatsächlich eine Liste mit 7 Mittagsgerichten und kaufe dann die Zutaten sowie Obst, Joghurts, Drogerieartikel und was die Familie eben sonst noch so alles braucht, ein. Und da sind wir auch schon wieder beim Stichwort: Familie. Herrlich, wenn man stets zur *Familien*packung greifen darf, welche ja soviel günstiger kommt als das kleine Päckchen. Da geht dem Sparfuchs natürlich das Herz auf! Wenn es überhaupt eine Packung für zwei Personen gibt. Vorbei sind die Zeiten, als Horst und ich uns eine Woche lang von Hähnchenschenkeln ernähren mussten. Das Kochen übernimmt auch gerne mal Horst (und verwandelt dabei selbstverständlich die Küche in ein Schlachtfeld). Arbeitsbedingt schwinge aber doch meist ich den Kochlöffel und eigentlich mache ich auch das gerne. Meine Kinder mit etwas Leckerem zu verwöhnen und/oder dafür zu sorgen, dass sie sich gesund ernähren, tue ich gerne. Oft möchten sie dabei zu sehen beziehungsweise Ronja will ja immer gerne in meiner Nähe sein und Merlin zieht seiner großen Schwester nach. Leider sind die Zeiten vorbei, als ich die beiden noch mit Kochtöpfen, Suppenlöffeln, Schneebesen und dergleichen auf dem Küchenboden beschäftigen konnte. Auch für den Spieltisch interessiert sich kein Mensch mehr. Nein, die zwei wollen derzeit grundsätzlich auf der Anrichte Platz nehmen und alles genau beobachten. Finde ich an sich ja schön. Andererseits sehe ich meine Kinder einfach nicht gerne in der Nähe von heißen Herdplatten, kochendem Wasser und spritzendem Fett. Außerdem hocken die beiden Räubernasen natürlich auch nicht umsonst da herum, sondern hoffen die ganze Zeit auf ein paar Schinkenwürfel oder auch Paprikastückchen. Ja, ich gebe zu, diese Angewohnheit habe ich zugelassen. Lieber mampfen sie das Gemüse schon einmal roh vor dem eigentlichen Essen als gar nicht. Trotzdem versetzt es mich einigermaßen unter Stress, die beiden bei Laune zu halten, das Gericht zu kochen und noch ein Auge darauf zu haben, dass Merlin nicht spontan beschließt, von der

Anrichte herunter zu springen. Da bin ich dann doch froh, wenn alle am Tisch sitzen. Achja, beim Tischdecken helfen Ronja und Merlin übrigens fleißig mit. Meist erledigen sie diese Aufgabe mit Freude, und haben sie wirklich mal keine Lust dazu, finde ich immer ein passendes Argument zur Überredung. Zum Beispiel:
"Na gut, dann können wir eben keine Spaghetti Bolognese essen..."
"Wer am meisten auf den Tisch bringt, hat gewonnen."
"Nachtisch gibt es nur für fleißige Mäuse."
Klappt in den meisten Fällen.
Nun könnte ich das Thema Hausarbeit noch um einiges weiter führen, aber ich denke, das reicht. Insgesamt versuche ich einfach, mich nicht allzu sehr von diesen Verpflichtungen nerven zu lassen. Und wenn eines der Kinder dringend Aufmerksamkeit braucht, dann lasse ich auch die Brösel unter dem Tisch Brösel sein und die Nudeln bleiben am Hochstuhl kleben. Die lassen sich getrocknet eh viel leichter entfernen und aufkehren.

Freud und Leid im 8. Schwangerschaftsmonat

Ja, richtig gelesen! Ich kann es selbst kaum fassen, befinde mich aber laut Berechnung tatsächlich schon in der 29. Schwangerschaftswoche. Wie das so schnell passieren konnte? Keine Ahnung. Fest steht, dass ich mal wieder genug habe vom Schwangerendasein. Natürlich sollte ich meine letzte Schwangerschaft (so ist das jedenfalls definitiv geplant) noch einmal in vollen Zügen genießen. Und das habe ich auch und ich tue es noch. Unser Mäuschen so nah bei mir zu haben, ihre kräftigen Tritte zu spüren und damit zu wissen, dass es ihr gut geht ganz ohne, dass ich mich dafür großartig hätte einsetzen müssen - herrlich! Ich streichle dann verliebt meinen Kugelbauch und freue mich! Ich versuche aber auch die Zeit mit den zwei "Großen" allein noch zu genießen. Derzeit kommt mir alles recht entspannt vor, es läuft einfach und gerade die erste Zeit mit Baby wird bestimmt wieder recht anstrengend. Dafür dürfen wir dann aber auch wieder ein kleines Bündel Glück in Händen halten...Darauf freue ich mich einfach schon so sehr!

Und es gibt eben noch ein paar Kleinigkeiten, auf die ich mich zugegebenermaßen auch freue: Salami. Kaffee ohne Ende. Cola light. Meine Kinder tragen ohne ein schlechtes Gewissen zu bekommen. Auf dem Bauch schlafen. Mit den Zwergen toben ohne Angst vor Tritten in den Bauch. Klamottenauswahl. Sport. Ja, Sport. Mal schauen, wann und ob ich dafür irgendwie Zeit finde, aber es kann nur besser werden als jetzt. Natürlich könnte ich Sport treiben. Aber ich kann eben nicht herumhüpfen wie ich will. Fühle mich einfach unsportlich und träge. Derzeit kann ich ja nicht einmal ein schnelleres Laufen an den Tag legen, weil mich sofort mein Rücken in die Schranken weist. Vielmehr mein Po. Der tut nämlich höllisch weh. Keine Ahnung, was die Kleine da in ihrer Bauchwohnung treibt oder wie sie wo liegt. Steißbein oder Ischias - ich weiß es nicht - es ist einfach nur Aua. Natürlich passe ich auch nirgends mehr rein oder durch. Komme mir vor wie ein Walross. Bin ich auch. Leider hat nicht nur mein Bauch, sondern auch der Hintern und die Beine und überhaupt alles kräftig zugelegt. Mag nicht mehr dick sein. Mag keine Wassereinlagerungen mehr und keine Besenreißer. Mag mich wieder rasieren können. Überall. Mag meine Fußnägel schneiden können. Mag keine Muskelkrämpfe mehr und kein Sodbrennen. Das sind halt so die Dinge.
Aber obwohl die Vorfreude und Neugier auf unser neues kleines Wunder täglich wächst, vergeht die Zeit doch viel zu schnell. Ich habe noch soviel zu tun! Da bin ich natürlich letztlich doch froh, dass mir noch ein paar Wochen bleiben für Papierkram, Wäsche sortieren und waschen, Babybett aufstellen, Schnullis besorgen, Geburtskarten vorbereiten usw.

Einbruchsicher

"Mamaaa..!"
Och nö. Gerade habe ich mich gemütlich auf das Sofa gekuschelt. Genau richtig zum Einspann vom Tatort. Den Anfang darf man natürlich nicht verpassen. Der ist ja am Wichtigsten. Mistkram. Seufzend wuchte ich meinen Walrosskörper aus den Polstern in Richtung Flur. Bei der Treppe zögere ich. "Was ist denn, Ronja?" rufe ich

flüsternd (ja, das geht!) nach oben. Die Mausemaus hockt am Geländer. "Ich kann nicht schlafen." Ja, was sonst?

"Komm, sei lieb und geh zurück ins Bett. Du weckst noch deinen Bruder auf."

"Deckst du mich nochmal zu?"

Grmpf.

Alla hopp.

Einmal hoch, zudecken und gleich wieder runter, denke ich mir noch, aber Pustekuchen.

Die Decke bis über das Kinn hochgezogen schaut Ronja mich mit großen Augen an. Und hat noch etwas Wichtiges zu klären.

"Mama, es gibt aber gar keine Gespenster, oder?"

"Nein, es gibt keine Gespenster." Ich gebe ihr einen Kuss auf die Nase. "Schlaf jetzt."

"Und Räuber und Einbrecher gibt es auch nicht, gell?"

Och nö. Seufz.

"Doch, die gibt es schon. Aber die kommen nicht zu uns."

"Warum nicht?"

"Weil bei uns nix zu holen ist und das wissen die. Kein Schmuck, kein Geld und keine wertvollen Sachen. Was die haben wollen, finden sie viel eher bei unseren Nachbarn. Also warum sollte bei uns irgend jemand einbrechen?"

"Aber woher wissen die denn, dass wir solche Sachen nicht haben?"

"Naja, wenn sie schlau sind, dann beobachten sie die Leute, bei denen sie einbrechen wollen erstmal eine Weile. Bei uns würden die Einbrecher dann feststellen, dass hier bald drei Kinder wohnen. Die kosten ganz schön viel Geld. Also ist hier schon einmal kein Geld zu holen. Und statt wertvollem Schmuck, Kleidung oder elektronischem Schnickschnack, steht das ganze Haus voller Spielzeug und Babykram. Daran haben die Einbrecher kein Interesse."

So, nun muss aber gut sein. Mein Tatort wartet.

Die Augen wurden schon beinahe wieder schläfrig, da reißt Ronja sie doch noch einmal auf. "Aber Mama, was ist mit den dummen Einbrechern? Die nicht vorher die Leute beobachten?"

Na, also mein Kind gehört schon einmal nicht zur dummen Sorte...!
Seufz. "Ronja. Jetzt stell dir mal vor, die wollten bei uns einbrechen. Da würden sie wahrscheinlich über den Garten versuchen herein zu kommen. Im Dunkeln fällt der erste schon einmal über Merlins Dreirad oder über sonst ein Fahrgestell aus eurem ja doch beachtlichen kleinen Fuhrpark da draußen. Der zweite verheddert sich in deinen Springseilen, die auf dem Boden herum liegen und bleibt in der Schaukel hängen. Schafft es einer tatsächlich bis zur Terrasse, rutscht er auf der Malkreide aus und landet in Merlins Stöckchen-und-Steine-Sammlung. Da hat dann keiner mehr Lust einzubrechen."
"Und wenn die bösen Einbrecher es doch durch die Haustür versuchen?"
Sie gibt nicht auf.
"Dann habe ich die Haustür höchstpersönlich fest abgeschlossen. Das geht also gar nicht. Und das will auch keiner. Wer bricht den schon da ein, wo eine Familienkutsche vor dem Haus steht, wenn nebenan ein dicker Mercedes parkt? Wie gesagt, unsere Nachbarn müssen sich da mehr Gedanken machen. Du, kleine Mausemaus, musst dich wirklich nicht sorgen. Und jetzt schlaf."
Und tatsächlich findet die müde Ronja keine Argumente mehr und entlässt mich nach unten. Den Mord habe ich natürlich verpasst. Ebenso den Mörder. Und den Rest der Geschichte. Mein Tee schmeckt kalt und ich verstehe nur Bahnhof. Menno. Naja. Hauptsache das Kind kann sorgenfrei schlafen. Jetzt gehe ich erstmal die Tür abschließen - man weiß ja nie.

Zukunftsaussichten

Derzeit schwirren mir so einige Fragen im Kopf herum, wie die nächsten Monate und Jahre verlaufen werden. Eigentlich bin ich nicht der Typ, der die Dinge einfach laufen und auf sich zukommen lässt. Aber vielleicht haben meine Kinder diesen Charakterzug von mir auch verändert. Denn ich habe gelernt, dass man sich auf die Zwerge und alles, was sie mit sich bringen, nicht vorbereiten kann. Und ich habe gelernt, das entspannter zu sehen. Natürlich kann man Pläne machen und ich hätte

auch weiterhin gerne Plan A und B und am besten noch C. Habe ich auch. Dennoch versuche ich mich innerlich nicht festzulegen und mit allem zu rechnen und zu denken, dass schon immer alles gut gehen wird. Hauptsache die Kinder, Horst und ich bleiben gesund. Ansonsten bin ich für alle Überraschungen offen, welche unser Familienleben mit sich bringen wird.
Erst einmal bin ich natürlich mehr als neugierig:
Wie wird unser neues kleines Wunder auf die Welt kommen? Wie wird sie sich auf den Weg machen? Wie wird sie aussehen, nach wem schlägt sie? Wie wird sie charakterlich sein? Welche Rolle nimmt sie in der Familie ein?
Wie werden die beiden Großen auf ihr Geschwisterchen reagieren? Wie lange wird es dauern, bis sich alles eingespielt hat?
Wie wird es Merlin ergehen, wenn er wieder zu Hause bleiben darf und nicht mehr in die Krippe geht?
Wie werden Ronja, Merlin und die Kleine zusammen spielen und sich verstehen?
Wie wird Ronjas Eintritt in die Schule? Wird es ihr dort gefallen? Wie viel Hilfe wird sie brauchen?
Wann werde ich in welchem Umfang wieder arbeiten? Wird meine Stelle noch frei sein oder verschlägt es mich woanders hin?
Werden Horst und ich auch weiter glücklich zusammen halten?

Eins ist jedenfalls sicher...Fortsetzung folgt: "Drei - Käsehochs!"

Printed by Books on Demand GmbH, Norderstedt / Germany